FLAVIA PEREZ
MARISTELA GORAYB

A PRIMEIRA SEGUNDA-FEIRA

APÓS SUA CARREIRA EXECUTIVA

Presidente do conselho:
Maurício Sita

Presidente:
Alessandra Ksenhuck

Vice-presidentes:
Cláudia Pires e Julyana Rosa

Diretora de projetos:
Gleide Santos

Editor:
Helder Novaes

Assistentes editoriais:
Emerson Xavier e Júlia Almeida

Capa:
Vanessa Lima

Projeto gráfico e diagramação:
Gabriel Uchima

Revisão:
Paola Sabbag Caputo e Luísa Bérgami

Impressão:
Printi

Dados Internacionais de Catalogação na Publicação (CIP)
(Câmara Brasileira do Livro, SP, Brasil)

Perez, Flavia
A primeira segunda-feira após sua carreira executiva / Flavia Perez, Maristela Gorayb. -- 1 ed. -- São Paulo : Literare Books International, 2025.

ISBN 978-85-9455-353-9

1. Carreira profissional - Administração
2. Carreira profissional - Desenvolvimento
3. Carreira profissional - Mudanças
4. Corporativismo
5. Desenvolvimento pessoal

I. Gorayb, Maristela. II. Título.

24-245752 CDD-650.14

Índices para catálogo sistemático:

1. Carreira profissional : Mudanças : Sucesso : Administração 650.14

Aline Graziele Benitez - Bibliotecária - CRB-1/3129

Literare Books International Ltda.
Alameda dos Guatás, 102 – Saúde – São Paulo, SP.
CEP: 04053-040
Fone: +55 (0**11) 2659-0968
Site: www.literarebooks.com.br
E-mail: literare@literarebooks.com.br

MISTO
Papel | Apoiando o manejo florestal responsável
FSC® C196274

FLAVIA PEREZ
MARISTELA GORAYB

A PRIMEIRA SEGUNDA-FEIRA

APÓS SUA CARREIRA EXECUTIVA

DEDICATÓRIA

Para todas as pessoas que querem continuar vivendo uma vida próspera, produtiva e com uma perspectiva positiva – mesmo quando suas carreiras atuais deixarem de fazer sentido para o mercado ou para si mesmas.

DEPOIMENTOS

"Quando planejamos nossa vida financeira, muitas vezes ignoramos uma variável importante: a longevidade. Isso vale também para a carreira, o que podemos ver nesta abordagem sensacional das autoras Flavia e Maristela. Estamos vivendo e trabalhando cada vez mais; portanto, precisamos construir valor pensando em ter mais opções, flexibilidade e possibilidades de crescimento nesse novo ciclo profissional chamado pós-carreira. Assim como acontece no mercado financeiro, os grandes retornos vêm no longo prazo. Por isso, a hora certa de agir e se preparar – tanto na carreira quanto nos investimentos – é agora!

PIER MATTEI – Cofundador e CEO da Monte Bravo

"Depois de uma grande aventura, começa a seguinte, seja no âmbito pessoal ou no profissional. Ao término de um ciclo, todos nós já passamos por uma primeira segunda-feira, e sentimos claramente a diferença de estar ou não preparados, mesmo que o plano seja simplesmente não fazer nada e respirar. Uma transição bem-sucedida requer visão, planejamento e foco. É sobre isso que a Flavia e a Maristela falam neste livro, uma abordagem fundamental para aqueles que encaram a linha de chegada como algo móvel.

MARCELO ZIMET – Presidente e CEO do Grupo L'Oréal no Brasil

"Com o aumento da expectativa de vida, a transição de carreira, especialmente para quem dedicou anos ao mundo corporativo, tem se tornado uma jornada cada vez mais comum e não menos desafiadora, marcada por incertezas e, acima de tudo, redescobertas. Este livro nasce da necessidade de compartilhar reflexões, experiências e aprendizados sobre como navegar por essa mudança. Não se trata apenas de trocar de emprego ou de setor, mas de uma transformação mais profunda: uma busca por propósito, equilíbrio e novas formas de sucesso. É um convite para refletir sobre a vida profissional sob novas perspectivas, levando em consideração o autoconhecimento, a resiliência e a coragem de viver uma nova história.

ANA LAURA SIVIERI – Diretora de Marketing e Comunicação Corporativa da Braskem

"Siga em frente e enfrente seus desafios! Preparar-se para o pós-carreira é essencial para uma transição segura e gratificante. Neste livro, Flavia Perez e Maristela Gorayb compartilham uma visão multidisciplinar para demonstrar como planejar essa fase com confiança. São histórias inspiradoras e ferramentas práticas, nas quais elas mostram como desenvolver autoconhecimento, organizar finanças e fortalecer as relações. O pós-carreira pode ser o melhor capítulo da sua vida. "Sob sua direção" é a placa na porta!

SÓLON CUNHA – Advogado, Conselheiro, Consultor de Relações Trabalhistas e Sindicais e Professor na escola de Direito da FGV-SP

“Quando me formei em Medicina, há 44 anos, o mundo corporativo não fazia parte das possibilidades de carreira. Foi por acaso que eu entrei nele, mas não foi por acaso que fiquei por mais de 30 anos. Foi o encaixe perfeito durante esse tempo. No entanto, diante das mudanças que aconteceram no setor, me questionei se continuava fazendo sentido para mim. Cheguei à conclusão de que não. Empreender era uma possibilidade, mas estaria eu preparada para isso, a esta altura da minha carreira? O processo de mentoria com a pessoa certa, na hora certa, usando como base os ensinamentos deste livro, me mostrou que sim!

DRA. NELCY BOSE – Fundadora da Progetta Gestão em Saúde

“O pós-carreira deve ser encarado como escrever um novo capítulo da sua vida profissional, e não que tudo acabou e que ficaremos em casa “de chinelo e pijamão”. Somos feitos para pensar, criar e produzir. Flavia e Maristela tratam o livro como um grande chacoalho! Não pense só no primeiro dia do pós-carreira como um vazio. Diria somente: planeje-se e seja feliz! Boa leitura.

DEIVES REZENDE FILHO – Fundador da Condurú Consultoria e integrante da lista Forbes 50+ que se reinventaram e criaram empresas de sucesso

“Reinventar minha carreira foi uma das decisões mais desafiadoras da minha vida. Por anos, fui âncora, apresentadora e editora-chefe de programas de televisão, mas queria algo novo, com mais liberdade criativa e independência. A consultoria embasada nos pilares deste livro me permitiu ter clareza do que eu realmente queria e de como transformar esse desejo em realidade. Criei o primeiro reality show de start-ups da televisão brasileira, fundei uma empresa de *video commerce* e sigo empreendendo na mídia e na televisão. Este livro é um verdadeiro mapa para quem deseja trilhar novos caminhos, com coragem e propósito. Ele é um convite para a transformação.

ANA MEDICI – Jornalista, economista e empreendedora

AGRADECIMENTOS

Agradecemos primeiramente a Deus por ter nos colocado uma no caminho da outra.

Agradecemos uma à outra pelo que fizemos juntas durante essa jornada. Uma soube germinar a semente e a outra soube regar.

Agradecemos por ter sido divertido, do jeito que desejamos.

Eu, Flavia, agradeço ao meu filho Pablo, meu amor maior e eterna fonte de coragem para saltar quantas vezes forem necessárias. Agradeço ao Fernando, meu grande amor, que é prova de que o pós-carreira também pode trazer um novo ciclo no campo afetivo. Agradeço à minha mãe, Carmen Perez, por ser exemplo para mim de uma mulher independente, batalhadora e determinada. Agradeço ao meu pai, Francisco Coutinho, por me inspirar com sua visão de mundo positiva e me ensinar a sempre buscar desafios e a fazer amigos por onde for.

Eu, Maristela, agradeço primeiramente ao Nasser, meu marido, amor da minha vida, que vivencia e dá asas aos meus sonhos há mais de 30 anos. Agradeço aos meus amados filhos, Felipe e João, por terem sobrevivido ao meu foco na carreira e por serem homens de bom coração. Agradeço ao meu pai, Giuseppe, que de lá do plano espiritual sabe o quanto influenciou e impulsionou minha carreira. E à minha mãe, Ivete, minha inspiração, a guerreira incansável que se reinventou quando tinha a minha idade atual e até hoje, em seus mais de 80 anos, é um exemplo de profissional independente e realizada.

Agradecemos à nossa querida Salete Deon, que vivenciou conosco a plenitude do pós-carreira.

Além disso, agradecemos também a essas pessoas queridas que, de uma forma ou de outra, nos apoiaram e contribuíram com a realização do sonho de escrever e lançar o nosso primeiro livro:

Todos os nossos clientes, que nos inspiraram com suas histórias e diariamente nos desafiam a nos aprofundar mais no que fazemos para sempre sermos melhores do que ontem.

Lilian Dionysia, por compartilhar tanto conhecimento de maneira generosa sobre o mercado literário e nos apoiar na revisão primorosa do livro.

Dany Sakugawa, por nos mentorar de modo brilhante, nos dando segurança, direção e muitas dicas que valeram ouro. Indicamos de olhos fechados!

Franciane Batagin, por ser um anjo que nos apoiou na coordenação editorial desta obra.

Susana Arbex, por dedicar o seu tempo ao nosso projeto ao compartilhar a própria experiência na produção e no lançamento de um livro.

Valter Police, CFP®, pela revisão do capítulo sobre planejamento financeiro e por suas importantes contribuições ao texto.

Vanessa Lima, pela agilidade e pela eficiência na entrega da linda capa que você tem em mãos.

Equipe da Editora Literare Books, que desde a nossa primeira visita até a entrega da primeira edição nos receberam de braços abertos, acolhendo as nossas incertezas sobre o processo e nos orientando com todo carinho.

Ana Laura Sivieri, Ana Medici, Carlos Guilherme Nosé, Cynthia Betti, Deives Rezende Filho, Liel Miranda, Luciano Santos, Marcelo Zimet, Nelcy Bose do Amaral, Pier Mattei, Renata Marques e Sólon Cunha, profissionais maravilhosos que dedicaram tempo para escrever valiosos depoimentos endossando nosso conteúdo.

Agradecemos, também, aos profissionais entrevistados pela Maristela, contando seus relatos sobre a transição para a vida pós-carreira e que foram as sementes que deram origem ao livro: Ana Chimeri, Carmine Sarao, Cristina Corrêa, Deborah Vieitas, Deives Rezende, Emy Sadakane, Francisco José Levy, João Claudio Guetter, José Maria Zacari, José Roberto Freitas, Marcos Zoni, Maria Celina Cattini, Mariza Malanchino, Peter Kerr, Rafael Euclydes Campos Cardoso, Ricardo Albiero, Valentino Signorelli, Victor Alejandro Toro Melani, Yolanda Neves, Young Park.

E, por fim, ao querido Marcos Eduardo Ferreira, um exemplo de executivo na preparação do pós-carreira que nos honrou ao prefaciar este livro, como você poderá conferir nas próximas páginas.

Gratidão eterna.

PREFÁCIO

Com muita alegria e gratidão, escrevo o prefácio do livro tão celebrado na carreira de Flavia Perez e Maristela Gorayb e, certamente, na vida de seus leitores.

Meu encontro com a Maristela ocorreu quando ela participava de seu processo de admissão na Mapfre, empresa em que trabalhamos juntos, no início dos anos 2000. Ela já se mostrava inquieta, carismática e com um método de trabalho único. Sempre atraía muita audiência e admiração por onde passava. De lá para cá, mantivemos a conexão profissional, e continuo acompanhando-a, desta vez, como empreendedora.

Já a Flavia, conheci mais recentemente. Estivemos juntos pela primeira vez durante a gravação de um episódio para o podcast "Dê um Unblur na sua Carreira" sobre o tema carreira e longevidade, em que as duas me entrevistaram. Observadora e com perguntas instigantes, demonstra que gosta de tratar os temas com profundidade. Com um roteiro mental sempre bem elaborado, consegue sacar com maestria e habilidade as informações relevantes que procura.

Ambas possuem sólida formação técnica e acadêmica e, dada a experiência acumulada, são grandes especialistas quando o assunto é transição de carreira e preparação para o pós-carreira.

O livro *A primeira segunda-feira após a carreira executiva* surge como um guia essencial para aqueles que desejam enfrentar essa nova fase com segurança e entusiasmo. Ele oferece uma oportunidade única para planejar e abraçar o pós-carreira de forma ativa e divertida. Essa transição pode ser desafiadora, mas não deve ser encarada com medo. A obra apresenta histórias reais e exemplos inspiradores que demonstram como é possível fazer uma mudança positiva e significativa na vida.

De forma clara e roteirizada, as autoras descrevem os pilares para se lançar no pós-carreira de forma segura e motivadora. Uma coisa eu digo: seguir esses passos vai facilitar a sua vida!

Nesse contexto, por eu ter vivenciado a fase da preparação e agora estar desfrutando o meu pós-carreira, acredito muito nos pilares indicados pelas autoras. Se não pratiquei todos, cumpri a maioria deles!

No meu caso, o salto para o pós-carreira ocorreu em 2021, aos 56 anos, depois de cumprir uma carreira exitosa em uma multinacional, na qual, por 15 anos, atuei como CEO no Brasil e na América do Sul.

Hoje, sou cofundador da Silver Hub e Homens de Prata, empresas que atuam com o tema da longevidade. Além de ter o tempo sob meu controle, a minha energia é dirigida às atividades que fazem sentido e que me dão prazer nesta fase da vida!

Como sou um "caso real" de alguém que está "curtindo" o pós-carreira, vou tomar a liberdade de sintetizar as coisas que atualmente fazem "os meus olhos brilharem": *a)* investir, de forma sistêmica, em *agetechs* (start-ups com a tese da longevidade), depois de ter cursado, em 2021, um Programa de Especialização sobre Mercado e Economia da Longevidade, na FGV-SP; *b)* aportar meu conhecimento e experiência profissionais participando de comitês consultivos em duas empresas; *c)* impulsionar as causas sociais como o primeiro embaixador homem da PLAN Internacional Brasil, uma organização não governamental inglesa que apoia crianças e adolescentes, especialmente as meninas; e *d)* cuidar da saúde física e mental, cotidianamente, por meio da prática de atividades físicas regulares e de velejadas nos finais de semana, sempre acompanhado de minha esposa. Este é um hobby antigo que só conseguia encaixar nas férias anuais.

A primeira segunda-feira após a carreira executiva não é apenas um manual para esta importante transição de carreira, mas um convite para viver a vida de maneira equilibrada e divertida. Cuidar de si mesmo, manter hobbies e buscar momentos de alegria são essenciais para enfrentar os desafios. O pós-carreira pode ser a melhor fase da vida, repleta de novas possibilidades e realizações.

Em resumo, a obra de Flavia Perez e Maristela Gorayb oferece um caminho claro para aqueles que desejam se preparar para o pós-carreira. Com insights valiosos e um olhar otimista sobre o futuro, o livro convida o leitor a explorar novas oportunidades e construir uma vida plena e significativa. A leitura deste livro é um passo decisivo para transformar o fim de um ciclo em um novo começo promissor.

Não perca tempo. Comece sua leitura agora mesmo. E, logo mais, no futuro, te aguardo no "clube" daqueles que deram um salto seguro e feliz para a "primeira segunda-feira após a carreira executiva".

Boa leitura!

Marcos Eduardo Ferreira
Foi CEO no Brasil e na América do Sul
da Mapfre Seguros por 15 anos e, aos 56, deu seu salto
para o pós-carreira. Tornou-se investidor-anjo,
especialista em longevidade e mercado securitário.
É cofundador da Silver Hub e Homens de Prata.

SUMÁRIO

30	1	2
7	8	9
14	15	16
21	22	23
28	29	30

INTRODUÇÃO

Com esta página aberta, você está tomando uma decisão muito importante. Provavelmente, a decisão que mudará a maneira como você enxerga a sua carreira hoje e os passos que dará no futuro, antes da sua aposentadoria.

Já vimos executivos brilhantes, bem-sucedidos, que tiveram carreiras profissionais maravilhosas, mas que ficaram completamente perdidos quando chegou o momento de dar o próximo passo, do pós--carreira. Eles definitivamente não queriam se aposentar, diziam que tinham "muita lenha ainda para queimar", mas estavam diante do fim de um longo ciclo que, de alguma forma, os definiram.

Outros, mais bem preparados para este momento, desconstruíram algumas das suas crenças em relação ao pós-carreira e criaram jornadas maravilhosas e de sucesso ao iniciarem um novo ciclo em suas vidas profissionais.

Vimos ambas as situações se repetirem inúmeras vezes. O resultado positivo e o negativo. Para o absoluto sucesso e para a sensação de frustração de não saber o que fazer depois do fatídico dia em que você entrega o seu crachá pela última vez ou muda a sua jornada profissional.

Porém, a verdade é que não conseguimos deixar de nos perguntar: **como algo tão óbvio pode passar despercebido para as pessoas? Como algo que está marcado para acontecer, assim como a morte e os impostos, costumamos brincar, pode surpreender tanto? Mesmo sabendo que o pós-carreira chegará, a maior parte das pessoas não se prepara para este momento.** Não faz nada para começar a colocar ideias e mudanças em prática para planejar o próximo ciclo da vida. E muitas empresas – nacionais ou multinacionais, de capital aberto ou familiares – tampouco apoiam os executivos que contribuíram para os seus negócios e não sabem como ajudá-los a estruturar um novo ciclo.

Essa é a narrativa de muitas e muitas histórias que vimos ao longo da nossa trajetória. A partir de níveis diferentes, é claro, com executivos, CEOs, diretores e tantos outros cargos do mundo corporativo, sem falar de empresários que precisaram passar o bastão para os sucessores, além de profissionais liberais de modo geral que, em algum momento, também se sentiram diante desse cenário. Mas o pano de fundo que perpassa essa lógica está sempre ali: "Como posso me preparar para a minha primeira segunda-feira fora do mundo corporativo?" e "O que é importante considerar para construir um novo ciclo próspero, produtivo e positivo?".

Estruturamos esta obra a partir dessas perguntas e de tantas outras sobre as quais trataremos aqui para que a sua transição da carreira atual para um novo ciclo seja um belo salto: consciente, planejado e corajoso. Mas, antes, queremos nos apresentar a você.

UM SALTO PLANEJADO

— Maristela Gorayb —

Meu nome é Maristela Loffreda Gorayb, e a minha história tem, desde o início, muito a ver com vivenciar momentos de transição de carreira. Dos meus 30 anos de vida corporativa, trabalhei 25 deles com previdência complementar, vivendo o propósito de levar educação financeira para as pessoas se planejarem para uma aposentadoria digna.

Vivenciei centenas de processos de aposentadoria de executivos e executivas que caminhavam para um novo momento da jornada profissional. Como o meu foco até então sempre havia sido preparar financeiramente as pessoas para esse momento, me surpreendia o fato de que apenas ter uma renda garantida não era o suficiente para que elas pudessem comemorar algo tão marcante como o fim de um ciclo. Justamente por isso, percebia que não era só uma questão de dinheiro, muito embora este fator fosse significativo. Foi ficando cada vez mais claro que essas pessoas precisavam estar preparadas emocionalmente para entrar nessa nova fase da vida. E foi vendo a tristeza daquelas que não sabiam o que fazer depois que a carreira executiva acabava, que prometi para mim mesma que não passaria pela mesma situação.

Com aproximadamente 38 anos, ocupando uma posição executiva em uma grande multinacional, decidi que aquele seria o meu último emprego formal independentemente do tempo que durasse. Depois, eu empreenderia. Queria que essa transição fosse incrível. O que eu não sabia, contudo, era como essa decisão acabaria marcando até mesmo as pessoas que estavam próximas a mim.

Uma cliente particular me procurou há pouco mais de dois anos, e começamos o seu processo de consultoria de carreira. Já havíamos trabalhado juntas e fiquei muito surpresa quando ela me disse que um dia me ouviu falando algo de que nunca se esqueceu.

Foi voltando de um almoço juntas, enquanto conversávamos sobre os próximos passos das nossas vidas, que eu comentei com ela ao atravessarmos a rua: "Sei exatamente o que vou fazer no futuro, depois que sair daqui. Já estou me preparando para isso". Ao relembrar essa história, ela disse que essa fala marcou muito a sua vida, porque também queria ter essa certeza. Esse é um planejamento que a maior parte das pessoas deixa de lado ao longo dos anos. Porém, é inevitável.

No fim das contas, acabei seguindo um caminho um pouco diferente do que tinha imaginado, mas ter uma visão de futuro me norteou e fez toda a diferença para que eu estivesse mais preparada para o grande dia. Aos 49 anos, saltei do mundo corporativo e realizei o sonho de empreender. E a minha primeira segunda-feira, depois desse salto, foi incrível!

UM SALTO DE CORAGEM

— Flavia Perez —

Meu nome é Flavia Perez Coutinho e, desde que me entendo por gente, a mudança faz parte da minha vida. Meus pais se separaram ainda na minha infância e, aos sete anos, fiz a minha primeira viagem internacional sozinha com o meu irmão de dez anos. Fomos passar as férias com o nosso pai, funcionário do Banco do Brasil, que havia sido recém-expatriado para os Estados Unidos. Já aos 14 anos, decidi ir morar com ele em Montevidéu, no Uruguai, estudando em um colégio americano local, no qual fiz amigos que mantenho contato até hoje, 40 anos depois.

Essa experiência internacional desde jovem e minha dedicação aos estudos me fizeram conseguir, no meu retorno ao Brasil, e ainda estudante do ensino médio, o meu primeiro emprego como professora de inglês, a segunda mais jovem que aquela instituição de ensino já teve.

E foi assim, constantemente me desafiando, provocando ou me adaptando a inícios e términos de novos ciclos, que conduzi a minha carreira executiva a partir dali.

Dos meus 25 anos de experiência no mundo corporativo, vivenciei diferentes transições de carreira: atuei nas áreas de comércio exterior, marketing e gestão de marcas e negócios, passando pela indústria química, mercado de alimentos e mercado esportivo, além de ter trabalhado também com o varejo de moda, tanto em empresas nacionais como multinacionais de variadas origens e culturas diversas.

Uma característica que carrego desde o início da minha vida é a coragem. Sempre que necessário, tive coragem para mudar, para dar um novo salto e fazer diferente, indo em direção ao que queria para a minha vida. Tenho uma capacidade muito forte de ouvir o meu próprio coração, acessando o meu sentimento e não somente a razão para nortear as minhas decisões. Afinal, coragem quer dizer "agir com o coração".[1]

Se a mudança faz parte da minha história, é o aprendizado em busca da minha evolução pessoal e profissional que me move. Mostre-me o que não sei e isso me desafiará a descobrir mais sobre o mundo, sobre o outro e sobre mim.

Minha transição para o pós-carreira não foi planejada. Ela aconteceu por um fato inesperado: o falecimento do pai do meu filho, quando ele tinha apenas 12 anos. E eu, aos 45, saltei para o meu pós-carreira em busca de uma mudança necessária para estar mais presente na vida do meu menino. Contarei com mais detalhes sobre minha transição no Capítulo 2. Entretanto, diferentemente da Maristela, eu ainda não tinha total clareza da trajetória que construiria dali em diante após o fim do meu ciclo executivo. Por isso, acessei a coragem que sempre me guiou ao longo da minha vida e que, de maneira intuitiva, me permitiu cuidar de vários aspectos fundamentais para estar preparada e dar o salto para o meu pós-carreira no momento que precisei. E foi libertador!

O encontro - saltos que se unem

Agora que as apresentações já estão feitas, a única explicação que fica faltando nessa história é: em qual momento nos encontramos? Gostamos de dizer que, assim como algumas coisas são inevitáveis, o nosso encontro foi também. Uma feliz coincidência e pura serendipidade.

Eu, Flavia, praticamente um ano depois do meu salto, conheci a Mari – forma carinhosa como a Maristela é conhecida –, em nossa formação pela Erickson Coaching International. Eram encontros intensos de

1 CORAGEM. In: *Dicionário etimológico*: etimologia e origem das palavras. Disponível em: https://www.dicionarioetimologico.com.br/coragem/. Acesso em: 5 nov. 2024.

quatro dias por mês que duraram quatro meses. Simpatizamos uma com a outra logo no primeiro momento. Conversávamos bastante, mas não eram assuntos tão específicos e nunca havíamos falado sobre a possibilidade de trabalharmos juntas em um negócio. Depois do curso, aproximamos o contato, e eu, ao ver a Maristela descontente com o próprio trabalho, mas já sabendo sobre o seu planejamento para o pós-carreira, fiz o convite para que ela fosse minha sócia na Unblur, empresa de consultoria de carreira que eu havia começado sozinha dois meses antes e que estava em processo de estruturação.

Eu, Mari, ao receber aquele convite, acredito que, pela primeira vez na vida, tomei uma decisão ouvindo o meu coração, bem como aprendi a fazer com a Flavia. Poderia fazer aquilo! Havia me preparado por tantos anos e estava pronta para mudar.

Hoje, muito além de sócias, somos grandes amigas e confidentes. Também gostamos de falar que somos eternas alunas, usufruindo dos aprendizados que a nossa vivência executiva nos trouxe e buscando continuamente aprimoramento e conhecimento para apoiar nossos clientes. Desenvolvemos uma metodologia própria que passa pelo autoconhecimento e pela cocriação de jornadas para líderes e times interessados em desenvolver as suas carreiras, chegando a um pós-carreira estruturado e cheio de realizações, assim como tem sido o nosso.

Em outras palavras, atuamos com gestão de carreira e desenvolvimento de líderes. Já atendemos centenas de pessoas e as auxiliamos na transição de carreira, nova carreira, potencialização de carreira ou construção de novos caminhos. Líderes, executivos e times estão conosco em constante aprendizado para as mais variadas situações e desafios presentes no ambiente corporativo. Esse foi o nosso encontro e é por isso que estamos aqui, mas essa análise vai um pouco além: queremos que você tenha certeza de que está no lugar certo.

Um salto de realização

Desde que iniciamos nossa jornada empreendedora, definimos as nossas metas e, mais adiante, decidimos escrever este livro. Queremos mostrar para você que é possível dar mais um passo em sua vida profissional de modo consciente e estruturado. Se está aqui, é porque provavelmente quer entender o que fará depois da sua carreira executiva. Quer ter um plano B e quer que essa jornada seja mais leve.

É possível que esteja em um momento profissional em que já analisa os próximos passos que dará depois que a sua vida executiva terminar. Ou então, é possível que você se sinta ameaçado em seu emprego e precise pensar nas possibilidades de novos caminhos. Também é possível que esteja pensando sobre empregabilidade, recolocação no mercado de trabalho ou até mesmo já esteja desempregado. Por fim, é possível até mesmo que esteja aqui desavisado, buscando um conteúdo que mostre um possível caminho sem nem ter pensado que o amanhã chegará e que precisa se preparar.

Este livro, escrito com base em nossa experiência como executivas e consultoras de carreira, possui pilares que se aplicam a todos os profissionais que sentem a mesma dor que nós sentimos. Estamos falando sobre todas as carreiras e possibilidades que abarcam o mundo dos negócios, bem como médicos, atletas, funcionários públicos etc. Entre essas e tantas outras situações, saiba que você está no lugar certo.

Quando falamos sobre pós-carreira, não nos referimos ao fim de sua carreira ou à aposentadoria, daquele jeito estereotipado que envolve parar de trabalhar totalmente e passar o dia no sofá, mas, sim, a todas as possibilidades para uma vida profissional nesse meio-tempo. O pós-carreira diz respeito a essa grande mudança em relação a uma fase significativa da sua vida que é a sua carreira atual. É importante pensar sobre o próprio caminho, pois **o pós-carreira é a trilha na qual você caminhará após sair do trilho conhecido e preestabelecido que você viveu no mundo corporativo.** A ideia não é fazer com que você fique ansioso e preocupado com o futuro, mas que saiba exatamente o que precisa ser feito para que o processo seja entusiasmante e positivo. Esse será o nosso diferencial aqui.

Falaremos sobre a importância de entender o fechamento de ciclos, ter uma visão de futuro no curto, médio e longo prazos, estruturar um planejamento financeiro para dar o próximo passo, investir no autoconhecimento, cuidar de seus relacionamentos, ser um eterno *lifelong learner*, ter objetivos profissionais claros, aprender a fazer a leitura de contexto, cuidar da sua marca pessoal e, por fim, fazer tudo isso enquanto cuida de si mesmo e se diverte. Afinal, qual é a graça de viver se não for para aproveitar a vida e se divertir ao longo da jornada?

É claro que falaremos sobre tudo isso sempre trazendo cases dos nossos clientes e pessoas que entrevistamos em nossas pesquisas, contando sobre as nossas próprias experiências e o que nos marcou a partir de cada assunto. Por fim, apresentando referências e informações importantes para que você transforme essa preparação em algo que se orgulhará muito no futuro.

A ideia não é fazer com que você fique ansioso e preocupado com o futuro, mas que saiba exatamente o que precisa ser feito para que o processo seja entusiasmante e positivo. Esse será o nosso diferencial aqui.

Queremos proporcionar a você um caminho para construir seu novo ciclo produtivo, próspero e positivo. Você precisará mergulhar dentro de si para encontrar as bases da mudança que impulsionarão você com coragem para dar o salto. Para saltar, é preciso ter solo firme, ou seja, uma base. A coragem, por outro lado, dará forças para que você possa saltar. Não teremos certezas sobre tudo e o medo estará presente, mas não deixaremos de agir sobre aquilo que está sob o nosso controle. Porque, para dar um passo, tiramos um pé do chão. Mas, para saltar, precisamos tirar os dois pés do chão. É assim que você se preparará para um futuro incrível.

Do seu lado, o que precisamos de você é que acredite que é *capaz*. Que é possível construir um pós-carreira dos sonhos, com base firme e tudo o que é necessário para que esse processo seja leve e prazeroso. Não queremos que se sinta triste ou preocupado com o que virá, mas, sim, entusiasmado, porque essa nova fase será maravilhosa. Queremos que olhe pela perspectiva do que ganhará, não do que perderá. Nada está perdido, tudo será reajustado e reaproveitado para que o percurso seja seguro.

Não vamos mentir: o que aguarda você diz respeito a grandes mudanças. Mas partindo da premissa de que já passamos por isso, podemos garantir que existem maneiras de fazer com que esse processo seja belo. A realização e o pós-carreira que você tanto sonha estão aqui e traçaremos essa jornada juntos. Por isso, avance. Dê um salto seguro ao nosso lado. Você está pronto?

Para saltar, é preciso ter solo firme, ou seja, uma base. A coragem, por outro lado, dará forças para que você possa saltar. Porque, para dar um passo, tiramos um pé do chão. **Mas, para saltar, precisamos tirar os dois pés do chão.**

1

QUEM VOCÊ QUER SE TORNAR?

Em uma pesquisa que fizemos em nossos perfis do LinkedIn sobre a preparação para o pós-carreira, deixamos a seguinte pergunta para os leitores: **"Você tem uma visão de futuro para seu pós-carreira e sabe o que vai fazer depois da sua vida executiva?"**.

Entre as possibilidades de resposta, algumas delas eram: "Sei exatamente o que quero" e "Penso em algumas possibilidades". Apesar de essas opções terem recebido um grande número de votos dos 91 respondentes, totalizando 73% das respostas, os outros 27% estavam nas seguintes afirmações: "Penso, mas não faço ideia" e "Nunca parei para pensar nisso". Somado a isso, considere que falamos sobre esse assunto há pelo menos dez anos, e o nosso público pode, sim, ser considerado qualificado em relação ao tema.

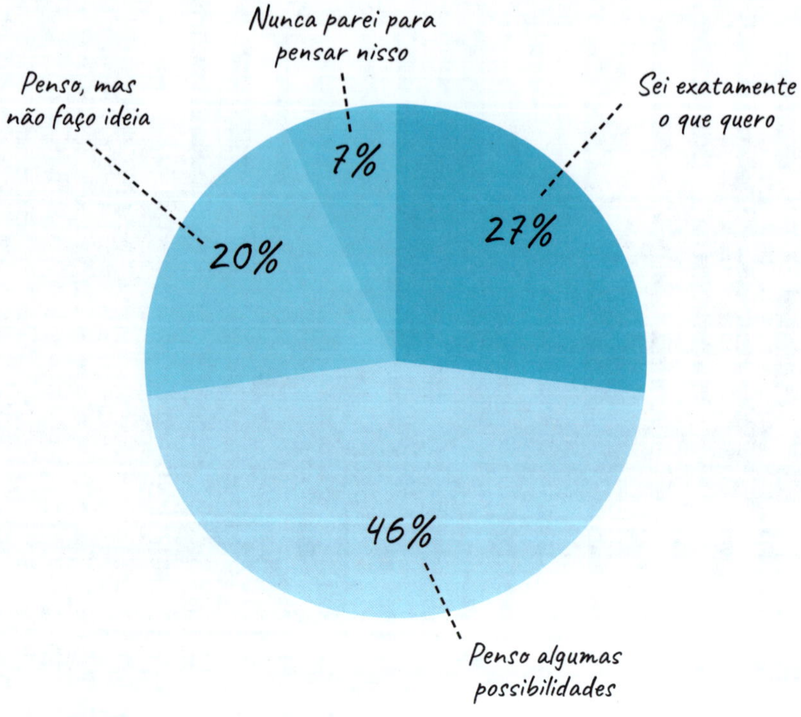

Por que tantas pessoas não fazem ideia do que fazer após a carreira?

Costumamos falar que a carreira está acima da posição executiva, seja ela qual for, mas que, além de tudo isso, sua carreira executiva é como uma casa alugada cujo espaço é apenas ocupado por você. Imagine só: você mora em uma casa há anos. Escolheu as cores das paredes e os móveis que estão ali dentro. Cuidou, zelou e decidiu cada detalhe deste lar doce lar. Ali dentro, viveu momentos de alegria e tristeza. Enfrentou tempestades e calmarias, dias de sol e de inverno.

Entretanto, assim como nada na vida é permanente, chega um momento em que é preciso deixar essa casa. E se não tiver para onde ir? Você ficará ao relento? Lembre-se: o terreno no qual você havia construído a sua casa era arrendado. Existia uma data de finalização do contrato e, mesmo que você não queira, precisará sair e deixar aquilo que construiu com tanto carinho e dedicação.

Porém, se você sabe que precisará sair e deixar aquela casa em algum momento da vida, por que não construir uma nova casa para a qual você se mudará no futuro? Este será o seu novo lar, e assim é também o processo de construção do pós-carreira.

O fato é que o nosso emprego, seja ele na modalidade CLT, por concurso público ou até mesmo uma carreira executiva consolidada com cargos mais altos, vai acabar em algum momento. Assim como temos certeza das inevitabilidades da vida, a carreira executiva chegará ao fim. O que você construiu ao longo dos anos, ou a sua "casa", como vimos, precisará ser liberada para que novas pessoas a ocupem. Depois desse momento, você precisará ter muito certo para onde vai e qual será o seu novo lar, pois é para lá que você seguirá após esse fechamento de ciclo.

Mas, em meio a tudo isso, as perguntas que ficam são: quais são as consequências da falta de preparo para essa nova jornada? Por que isso acontece? Por que tantas pessoas sequer pensam no pós-carreira?

COMO SERÁ A SUA PRIMEIRA SEGUNDA-FEIRA?

— Maristela Gorayb —

Quando ainda trabalhava com previdência privada, uma conversa com um futuro ex-executivo na época me marcou muito. Tinha acabado de voltar de férias e, enquanto repassava com o meu time o que tinha acontecido durante a minha ausência, recebi a informação de que o *Chief Financial Officer* (CFO, ou diretor financeiro) de uma empresa que era nossa cliente havia passado por ali para se despedir antes da aposentadoria. Ele chegou, apresentou o seu sucessor e foi embora. Estava com 65 anos e finalmente entregando o seu crachá. Um motivo de felicidade, não é mesmo?! Assim eu imaginava, pois ele tinha um belo plano de previdência.

Então, para que eu pudesse me despedir dele em tempo, resolvi ligar durante a última semana dele naquela empresa. Ao telefone, o parabenizei pela conclusão bem-sucedida daquela jornada e, entusiasmada, perguntei: "Me conta: o que você vai fazer segunda-feira da semana que vem em seu primeiro dia fora da empresa?". Ele respondeu: "Não faço ideia, Mari. Acho que só vou pensar no que farei depois que acordar e não precisar mais vestir o meu terno". Aquilo me chocou completamente. Continuamos a conversa, perguntei como havia sido o seu processo de preparação, e ele falou que a única preparação que havia feito era a financeira. Apesar de sozinho ser insuficiente, o planejamento financeiro é importantíssimo, e ele já estava muito acima da média brasileira. Por fim, disse que não havia feito nada porque era difícil pensar no futuro ao mesmo tempo que focava nos resultados que precisava entregar no presente.

Nitidamente, ele estava sofrendo. Era possível sentir o seu vazio a partir das palavras. Trocamos mais algumas frases e desliguei, porém aquilo reverberou em mim: por qual motivo algumas pessoas não se preparavam? Por que deixar para a primeira segunda-feira depois do fim da carreira para pensar no que faria se já sabia que o seu contrato de trabalho tinha uma idade limite determinada?

Mesmo para aquelas pessoas que têm consciência de que precisam se preparar para essa "virada de chave", muitas vezes esse momento é antecipado por decisão da empresa, assim como aconteceu com outro cliente que acompanhei em seu *phasing-out*, ou seja, a finalização de uma carreira dentro do contexto da vida executiva. Muito embora já soubesse que o seu contrato estava acabando e estivesse se preparando para este momento, ele chegou mais cedo do que esperava. Três anos antes do prazo combinado, a empresa antecipou o seu desligamento.

Depois desses e de tantos outros momentos, passei a perguntar sobre a preparação e o próximo passo para outros clientes. Queria não apenas estimular esse planejamento, mas também entender se eram casos isolados ou generalizados. Para a minha surpresa, e assim como comentamos no início do capítulo, a falta de planejamento e de preparo emocional é observada na grande maioria dos casos. Esse vazio na vida das pessoas que finalizam uma carreira é tão comum quanto o sorriso ao receber o primeiro salário.

E você? Sabe o que fará em sua primeira segunda-feira?

> “O QUE IMPEDE VOCÊ DE ACEITAR O FIM DE UM CICLO?
>
> — Flavia Perez —

Apesar de escrever estas palavras em 2024, considero que 2023 foi um ano de muitas transformações na minha vida. Depois de 20 anos morando no mesmo bairro, decidi mudar de apartamento e de vizinhança. Após 14 anos em um casamento, percebi que a separação era o caminho mais óbvio para ambos. E o meu único filho, aos

19 anos, decidiu morar sozinho e seguir a sua trajetória universitária. Nisso tudo, o que mais me marcou foi um sentimento de ninho vazio, que precisou ser trabalhado aos poucos durante todo o ano. E vejo muito desse processo nas pessoas que não cuidam do pós-carreira.

Por temerem o desconhecido e incertezas sobre o que o próximo ciclo trará, as pessoas se apegam a relações falidas, a empregos que detestam e a ambientes que fazem mal, confundindo a própria identidade com o entorno. Pensam que tudo é infinito, mas esquecem-se de que a vida é feita de ciclos. Se você também tem dúvida disso, peço que espere chegar até a sua hora de dormir hoje. Você se lembrará de que cada dia é um dia, que o sol irá nascer e se pôr e que isso se repetirá, queira você ou não.

No meu caso, não tinha como saber exatamente quando mudaria de casa, quando me separaria ou quando passaria a morar sozinha, mas, por saber sobre os ciclos, eu me adiantei e me preparei. Ainda assim, foi difícil. Por que não seria? O pós-carreira funciona exatamente da mesma maneira: se não cuidarmos, o sentimento de vazio se instala e não vai embora, assim como aconteceu com um cliente que atendi recentemente.

Ele trabalhou por muito tempo como executivo, mas precisou abandonar essa posição em determinado momento por questões pessoais. Foi empreender. Depois de algum tempo, apesar de ter cuidado muito bem da vida financeira, percebeu que estava completamente desconectado com o negócio que tinha montado e estava pensando em voltar ao mundo executivo. Mas como fazer isso, agora com quase 50 anos? Como empreendedor, ele contou que sentia um vazio muito grande. Apesar de o negócio ter desafios, internamente não se sentia motivado. Estava amparado financeiramente, mas sentia uma lacuna dentro de si.

À medida que fomos conversando, ele contou que a sua maior dificuldade para voltar era por não ter desenvolvido relações de amizades e que, em meio a tudo isso, precisava encontrar um novo caminho para se sentir produtivo e útil.

Isso também faz parte do pós-carreira: como evitar o sentimento de vazio? Como preparar o terreno para as adversidades? Como construir uma rede de relacionamentos que estará ao seu lado independentemente do que aconteça? Falaremos mais detalhadamente sobre este tema no Capítulo 6.

Apesar de ter curado o meu ninho vazio, é possível que você precise ter atenção ao seu. Negar o fim do ciclo é negar a cura. Comece já a fazer as mudanças necessárias para esse novo ciclo chamado pós-carreira.

Entre medos, frustrações e piloto automático

Luciano Santos, ex-executivo do Google e da Meta, mentor de carreira e autor do best-seller *Seja egoísta com sua carreira*, comenta em seu livro que um dos grandes insights que teve ao longo dos anos foi que "o ambiente de trabalho é um lugar de muito, muito sofrimento".[1] E completa: "As pessoas pensam muito pouco em si mesmas quando o assunto é se preparar, planejar, tomar decisões e agir em benefício da própria carreira. [...] A falta de orientação sobre como gerenciar a própria carreira pode ter um custo muito alto para nosso futuro profissional e, acredite, para a nossa felicidade".[2]

Tomamos a liberdade de acrescentar algo: essa falta de orientações e planejamento vai além da carreira e passa pelo fato de que precisamos pensar também no que virá depois desse período. Ao não fazer isso, os danos podem ser irreparáveis.

1 SANTOS, L. *Seja egoísta com sua carreira*: descubra como colocar você em primeiro lugar em sua jornada profissional e alcance seus objetivos pessoais. São Paulo: Editora Gente, 2021. p. 25.

2 Ibidem, p. 20.

Negar o fim do ciclo é negar a cura. Comece já a fazer as mudanças necessárias para esse novo ciclo chamado pós-carreira.

Segundo um artigo publicado com o objetivo de analisar os desafios vividos pelas pessoas no período da aposentadoria, observou-se que, pela aposentadoria representar uma fase em que grandes mudanças acontecem e pode se instalar um sentimento de vazio muito grande, é possível estar mais suscetível à depressão nessa nova fase. Justamente por isso, como resultado do estudo, foi possível concluir que cuidar da saúde mental é fundamental para que esse período tenha mais propósito e traga mais realização.[3]

Não à toa, muitos querem ingressar no pós-carreira e continuar trabalhando, assim, teríamos um antídoto para esse sentimento. Segundo outra pesquisa feita pelo Bank of America Merrill Lynch em 2014, 72% dos entrevistados com mais de 50 anos disseram que tinham vontade de continuar trabalhando após a aposentadoria.[4] Isso acontece principalmente por esse sentimento de vazio e medo sobre o qual falamos anteriormente. Apesar de contraintuitivo, segundo a mesma pesquisa, foi possível perceber que aqueles que possuíam condições financeiras mais tranquilas eram maioria em relação aos que continuavam no mercado. Desses, 80% afirmaram que faziam isso porque *gostavam*, e não porque eram *obrigados*.

3 DANG, L.; ANANTHASUBRAMANIAM, A.; MEZUK, B. Spotlight on the challenges of depression following retirement and opportunities for interventions. *Clinical interventions in aging*, v. 2022, n. 17, p. 1037-1056, 14 jun. 2022. Disponível em: https://doi.org/10.2147/CIA.S336301. Acesso em: 26 jan. 2025.

4 CLARK, D. Planning your post-retirement career. *Harvard Business Review*, 28 abr. 2016. Disponível em: https://hbr.org/2016/04/planning-your-post-retirement-career. Acesso em: 8 jun. 2024.

E se você ficou preocupado porque os dados são norte-americanos, vejamos alguns nacionais. O Serviço de Proteção ao Crédito (SPC) realizou um estudo em 2019 para entender como os brasileiros estavam se preparando financeiramente em relação aos próximos passos da carreira. O resultado foi devastador: 59% afirmaram que não estão se preparando e não estão preocupados com essa fase da vida.[5] Todos irão passar por isso, mas a grande maioria ignora.

Indo além dos estudos e das pesquisas, o que percebemos é: existem três situações mais comuns que refletem a falta de preparo para o pós-carreira. São elas: 1) as pessoas deixam de planejar porque acham que o futuro é incerto e que por isso não vale a pena investir tempo com algo que não se sabe como será; 2) muitas vezes, até sabem mais ou menos o que querem, mas não fazem ideia de como começar; 3) por fim, existem também aquelas que sabem que o fim da carreira chegará, mas por falta de coragem ou estrutura não fazem absolutamente nada para planejar este momento ou se preparar para ele.

É muito frequente também conectarmos a identidade profissional com a identidade pessoal, o que acaba gerando um sentimento de baixa autoestima e incapacidade. À medida que o tempo passa, o medo vai aumentando: medo de não se adaptarem, medo de perderem o padrão de vida, poder e status que conquistaram ao longo dos anos, medo do que será do futuro, medo da falta de reconhecimento, da incapacidade de aprender, da diferença do estilo de vida e do fracasso. São tantos medos que poderíamos falar em mais alguns parágrafos sobre esse assunto.

5 SEIS em cada 10 brasileiros não se preparam para aposentadoria, aponta pesquisa. *G1*, 18 mar. 2019. Disponível em: https://g1.globo.com/economia/noticia/2019/03/18/seis-em-cada-10-brasileiros-nao-se-preparam-para-aposentadoria-aponta-pesquisa.ghtml. Acesso em: 9 jun. 2024.

E não pense que ficamos imunes ao medo. Quando passamos por esse processo, ele estava ali. Mas seguimos com medo mesmo, porque o pote do ouro do lado do arco-íris valia a pena. Se não tivéssemos feito isso, provavelmente nem estaríamos juntas nesta jornada. Não podemos prever todos os impactos, mas a verdade é que sabemos o que acontece, pois atendemos centenas de clientes com desafios em suas carreiras: a falta de planejamento gera consequências na saúde mental e nas relações pessoais. Isso sem contar as consequências financeiras.

Existe, dentro da maioria de nós, uma cegueira inconsciente em relação ao pós-carreira. Entre os fatores que causam essa cegueira, um deles diz respeito a entrarmos no piloto automático e ficarmos apenas correndo entre uma meta e outra ao cumprir a agenda da empresa, sem refletirmos sobre as nossas metas de vida e o que queremos para o futuro. Além disso, assim como vimos no caso contado pela Mari, existe também uma falta de leitura de contexto que induz a ignorar sinais de mudança que estão ali, mas ainda assim a preparação não é feita.

É como se as pessoas vivessem aprisionadas como pássaros em gaiolas. Algumas são confortáveis: a comida é boa e chega sempre, a gaiola está sempre limpa e com água fresca, o ambiente ao redor é agradável e todo dia vem alguém ouvir você cantar. Outras gaiolas são desconfortáveis: não são limpas, não recebem alimento suficiente, o espaço é pequeno, ficam na escuridão e próximas a tanto barulho que ninguém consegue ouvir o seu canto. Isso quando você tem força para cantar. Em ambos os casos, o voo está limitado e não há evolução. Até porque, enquanto a porta da gaiola não for aberta, independentemente de qual seja o contexto, não há espaço para a mudança.

Você está preparado para abrir a porta da sua gaiola?

Existe, dentro da maioria de nós, uma cegueira inconsciente em relação ao pós-carreira. Entre os fatores que causam essa cegueira, um deles diz respeito a entrarmos no piloto automático e ficarmos apenas correndo entre uma meta e outra ao cumprir a agenda da empresa, sem refletirmos sobre as nossas metas de vida e o que queremos para o futuro.

Hora de decidir

Em uma viagem de avião, se você pudesse escolher entre um pouso forçado e turbulento ou um pouso leve e tranquilo, qual escolheria? Se pudesse marcar uma viagem escolhendo exatamente o destino para o qual gostaria de ir ou marcar uma viagem sem nem saber qual tipo de roupa levar, qual escolheria? Essas são algumas das reflexões que queremos propor a partir de agora, porém transportando-as para o contexto do pós-carreira.

Queremos que você perceba que **a sua carreira executiva tem começo, meio e fim, e que você precisa se preparar para o momento em que esse ciclo se encerrará. O término de ciclos é sempre sentido, mas ele pode ser mais leve e recompensador.** Se você ainda tem tempo de se planejar, queremos que tenha todas as ferramentas para isso. Caso o tempo esteja escasso, queremos mostrar uma direção para que você escolha um caminho mais curto e, ainda assim, efetivo. Por fim, caso você já esteja entrando ou tenha entrado no pós-carreira, queremos que você comece agora mesmo a se organizar para aliviar essa dor e construir algo maior. Além de tudo isso, queremos que essa jornada aconteça sem arrependimentos e sem apego, em um processo cheio de realização e prazer.

Apesar de a palavra trabalho ter origem em um instrumento de tortura,[6] queremos que você pense nessa relação trabalho/carreira/futuro como algo positivo e construível. Algo que precisa fazer parte do seu presente e da sua jornada. Afinal, a sua vida profissional existe além da sua carreira atual. Quanto mais

6 TRABALHO. In: *Dicionário etimológico*: etimologia e origem das palavras. Disponível em: https://www.dicionarioetimologico.com.br/trabalho. Acesso em: 12 jun. 2024.

cedo iniciar, mais pistas você terá e mais coisas novas e direções diferentes poderá experimentar.

Você precisa construir agora os passos que vão fazer com que olhe para trás com orgulho, com a sensação de completude e planejamento feito. E isso não diz respeito a quem é hoje, mas, sim, ao que quer para o amanhã.

Então a pergunta que deixamos para reflexão é: quem você quer se tornar quando a sua carreira atual terminar? Quer estar preparado para uma vida feliz e realizada ou paralisado na dor, no vazio e na frustração? Esperamos que você escolha o primeiro caminho.

2

É POSSÍVEL SALTAR COM SEGURANÇA

Queremos começar este capítulo falando sobre o poder da reflexão. O poder que existe em parar, analisar e refletir sobre o que acontece em nossas vidas.

Paul Catchlove, palestrante e especialista em reestruturação organizacional, fala em seu TED, chamado *The habit that could improve your career* (em tradução livre: "O hábito que pode melhorar a sua carreira"), sobre como muitas pessoas acreditam que o ato de refletir acontece apenas em um quarto escuro e isolado, no qual as pessoas olham os seus segredos mais profundos e obscuros. A verdade, contudo, é que refletir é muito mais do que isso.

Para ele, a reflexão está relacionada ao aprendizado, a analisar os eventos que acontecem conosco sem nenhum tipo de julgamento, mas com um olhar crítico, cujo objetivo é responder a três perguntas: 1) o que funcionou?; 2) o que não funcionou?; e 3) o porquê[1]. Parar e refletir sobre os acontecimentos, sobre nós mesmos e sobre tudo o que nos rodeia pode nos ajudar tanto na vida pessoal quanto profissional. Mas, para isso, a reflexão exige coragem para encarar o que está ao nosso redor e entender que, em alguns momentos, a partir da reflexão, precisaremos escolher novos caminhos.

A preparação para o seu pós-carreira exige reflexão sobre o que se tem vontade de ser, necessidade de fazer e uma faísca de coragem para mudar. Então, refletir é essencial. Ao refletir, você começará a estimular em si mesmo o pensamento crítico, algo fundamental para todos os momentos

A preparação para o seu pós-carreira exige reflexão sobre o que se tem vontade de ser, necessidade de fazer e uma faísca de coragem para mudar. Então, refletir é essencial.

1 CATCHLOVE, P. The habit that could improve your career. *TED@BCG*, set. 2022. Disponível em: https://www.ted.com/talks/paul_catchlove_the_habit_that_could_improve_your_career? Acesso em: 13 jun. 2024.

que vivemos. Foi por este motivo que decidimos iniciar falando sobre a importância da reflexão: ela precisa fazer parte de tudo em sua vida, mas será especialmente importante a partir de agora.

Queremos que, a cada novo passo, você pare e reflita sobre as três perguntas que Catchlove definiu como fundamentais. Mas tomamos a liberdade de colocar o nosso olhar positivo nas perguntas para que elas fiquem assim:

- O que foi bem?
- O que poderia ter sido melhor?
- Por quê?

Queremos também que você vá além: de nada adianta só refletir. É preciso agir. Então faça as suas análises, tire as suas próprias conclusões, mas depois parta para a ação. Você precisa se movimentar em direção ao que quer. E ajudaremos você durante todo o processo.

Carreira, pós-carreira e aposentadoria

Uma curiosidade: a palavra carreira, originária do latim a partir da expressão *via carraria*, significa estrada para carros ou caminho para carros. E foi apenas a partir de meados do século XIX que ela passou a ser utilizada para designar a trajetória de vida profissional, como uma "estrada preexistente" no qual as pessoas sabem, de antemão, o que esperar do percurso.[2]

2 KILIMNIK, Z. M.; CASTILHO, I. V.; SANT'ANNA, A. S. Carreiras em transformação e seus paradoxais reflexos nos indivíduos: metáforas de carreira e de competências. *Comportamento Organizacional e Gestão*, v. 12, n. 2, p. 257-280, 2006. Disponível em: https://pesquisa-eaesp.fgv.br/sites/gvpesquisa.fgv.br/files/arquivos/carreiras_em.pdf. Acesso em: 13 jun. 2024.

No uso moderno, carreira é o caminho que trilhamos em nossa vida profissional. É uma trajetória que começa, muitas vezes, a partir da escolha da profissão. Depois, à medida que vamos aprendendo coisas novas com o tempo, alguns trechos desse caminho vão sendo alterados e podem demandar ou oferecer até mesmo uma mudança de segmento ou área de atuação. E assim a carreira muda o rumo e segue em frente.

O que acontece, por outro lado, é que chega um momento em que esse ciclo acaba. A carreira tradicional, assim como sempre a conhecemos, chega ao fim. Seja porque o local em que trabalhamos não nos quer mais, seja porque não queremos mais estar onde estamos. E é aqui que entra a ideia daquilo que chamamos de pós-carreira, uma vez que pode ser cedo demais para se aposentar.

Esse estágio é, por definição, a fase da vida que se inicia após a conclusão da trajetória profissional ativa que, em geral, costuma acontecer entre os 50 e 65 anos, mas que também poderá variar de acordo com o contexto individual e cultural de cada um. É uma transição completa, que contempla os aspectos financeiros, emocionais, sociais e de identidade pessoal. Mas veja a diferença: o pós-carreira não é um período de aposentadoria, mas, sim, uma fase de reinvenção e continuidade produtiva em que devemos buscar propósito, atividades profissionais e maneiras de continuar contribuindo com a sociedade. Indo além: justamente por isso a primeira segunda-feira do pós-carreira é tão importante. É nesse dia que você dá o passo definitivo do novo ciclo em questão.

Essa mudança entre a dinâmica da carreira tradicional, que em geral aconteceria por volta de 18 até 50 ou 65 anos, se deu pela lógica pura e simples de que a *longevidade* aumentou. Em 1990, tínhamos como expec-

O pós-carreira não é um período de aposentadoria, mas, sim, **uma fase de reinvenção e continuidade produtiva** em que devemos buscar propósito, atividades profissionais e maneiras de continuar contribuindo com a sociedade.

tativa de vida global aproximadamente 65,3 anos.[3] Se considerássemos que as pessoas trabalhariam até um pouco mais do que os seus 50 anos, estaríamos falando de aproximadamente dez anos para aproveitar os últimos anos de vida. Entretanto, à medida que a tecnologia vai se desenvolvendo e abrindo caminhos para a medicina, a saúde segue um novo percurso, aumentando a expectativa de vida para 75,5 anos.[4] Em resumo, o tamanho da população acima dos 65 anos só está crescendo, tendo aumentado mais de 50% nos últimos 12 anos.[5]

Estamos morrendo mais tarde. O que fazer, então, com o tempo que sobra entre o fim da carreira e o efetivo início da aposentadoria? Este é o pós-carreira. Apesar de o tempo de trabalho ter aumentado em muitas profissões e negócios, ainda existe um "buraco" a ser preenchido após o fim da carreira tradicional. Contudo, esse termo não é só nosso. Em inglês, o pós-carreira é conhecido como *encore career*, que seria algo como segunda carreira, popularizado por Marc Freedman, professor da Yale School of Management, autor best-seller e um dos maiores especialistas em futuro multigeracional.

Em seu livro *Encore: finding work that matters in the second half of life* (em tradução livre: "Encore: encontrando um trabalho que importa

---

3 DA REDAÇÃO. Aumenta a expectativa de vida no mundo. *Exame*, 15 maio 2014. Disponível em: https://exame.com/mundo/aumenta-a-expectativa-de-vida-no-mundo/. Acesso em: 13 jun. 2024.

4 IBGE – INSTITUTO BRASILEIRO DE GEOGRAFIA E ESTATÍSTICA. *Tábuas completas de mortalidade*. Brasília, DF: IBGE, 2023. Disponível em: https://www.ibge.gov.br/estatisticas/todos-os-produtos-estatisticas/9126-tabuas-completas-de-mortalidade.html?=&t=resultados. Acesso em: 24 set. 2024.

5 BRASIL. Secretaria de Comunicação Social. *Censo*: número de idosos no Brasil cresceu 57,4% em 12 anos. Brasília: Secretaria de Comunicação Social, 2023. Disponível em: https://www.gov.br/secom/pt-br/assuntos/noticias/2023/10/censo-2022-numero-de-idosos-na-populacao-do-pais-cresceu-57-4-em-12-anos. Acesso em: 13 jun. 2023.

na segunda metade da vida"), ele explica que *encore career* é o início de uma nova vocação, porém que acontece um pouco mais tarde, após o término da carreira anterior e antes da aposentadoria. Comenta, também, que as pessoas que buscam esse caminho são motivadas pelo impacto social e pela sensação de realização pessoal, mas que isso se tornou popular por questões econômicas e sociais.[6]

Acrescentando algo sobre a nossa percepção: **por mais que as razões para iniciar o pós-carreira sejam diferentes e variadas, existe um ponto fundamental que é a sensação de utilidade e produtividade. As pessoas querem se sentir úteis, vivas. Querem ter um motivo para continuar a sua jornada entregando o que possuem de melhor dentro de si para o mundo. Em vez de se deixarem "atrofiar", assim como acontece com um músculo não utilizado, elas exercitam essa capacidade de fortalecimento a partir do pós-carreira.**

Sendo assim, a grande questão do pós-carreira – ou *encore career* – é que muitas pessoas acabam encontrando propósito nessa fase. Seja por meio de um novo hobby, um novo negócio ou um novo projeto de vida, essa jornada sai do lugar-comum da aposentadoria tradicional, aquela em que existe um afastamento remunerado, e segue em direção a algo maior e mais produtivo. É um processo de reinvenção. E esse assunto, depois de Freedman, tem sido discutido em muitas esferas, assim como por grandes instituições como a Harvard University.

Em um webinar ministrado por Ted Witherell e Susan Kelly, cujo tema era *encore career*, Witherell começa contando a história de três profissionais, culminando em perguntas essenciais que eles buscam respostas a partir da base do Ikigai, termo japonês que descreve a mo-

6 KAGAN, J. Encore career: what it is, how it works, prevalence. *Investopedia*, 16 jan. 2022. Disponível em: https://www.investopedia.com/terms/e/encore-career.asp. Acesso em: 13 jun. 2024.

tivação ou razão para que alguém se levante da cama todos os dias. São elas: 1) o que traz alegria para você?; 2) o que você faz bem?; e 3) do que o mundo precisa? A proposta, ao refletir sobre o pós-carreira, é utilizar essas perguntas como guia para pensar e encontrar soluções dentro de si. Ao responder esses questionamentos, ele diz que você estará muito mais próximo de achar o seu caminho para o pós-carreira. Além disso, Kelly também traz reflexões e passos para ajudar a jornada. Segundo ela, entre outras coisas, é preciso sonhar, definir o que quer, encontrar caminhos para sobrepor os obstáculos, definir objetivos e criar metas de transição (entre a carreira tradicional e o pós-carreira).[7]

Por esse motivo, juntando esses e outros conceitos, queremos propor que, além de tudo o que veremos nas próximas páginas, você considere o seu pós-carreira a partir do conceito que chamamos de 3P para o processo de preparação. Ele deve ser produtivo, próspero e positivo. Produtivo porque é um convite para que você se desafie, para que continue entregando algo à sociedade. Próspero porque será algo que sairá da esfera financeira e levará você para níveis elevados de realização e felicidade. E positivo porque continuará nutrindo o seu processo de autodesenvolvimento com alegria e propósito.

Existe uma ligação muito importante entre o processo de preparação para o pós-carreira e o autoconhecimento. Falaremos sobre este tema no Capítulo 5, mas essa conexão já é fundamental para que você entenda o nosso objetivo a partir de agora. Pensando sobre tudo isso, queremos deixar uma pergunta: o que você já sabe sobre si que o ajudará nessa preparação? Enquanto faz essa análise, queremos compartilhar a nossa experiência com o pós-carreira.

7 PROFESSIONAL & EXECUTIVE DEVELOPMENT – HARVARD DCE. *Encore Career Webinar*. YouTube, 22 ago. 2023. Disponível em: https://www.youtube.com/watch?v=w1cYUuWowRw. Acesso em: 28 jun. 2024.

UMA MUDANÇA VEM DE DENTRO OU DE FORA

— Flavia Perez —

Aos 45 anos e trabalhando em uma grande empresa do varejo de moda, passei por uma perda muito grande que me fez tomar a decisão de transição para o pós-carreira antes do que imaginei.

No dia 9 de fevereiro de 2017, recebi uma ligação que mudou tudo: o meu ex-marido, que encontrava-se internado em uma clínica de reabilitação para se livrar da dependência de remédios para dormir, havia cometido suicídio. Foi um choque! É um sentimento tão doloroso que até hoje me deixa sem palavras para descrevê-lo.

Juntos, temos um filho. Um menino de 12 anos, na época, para quem tive que dar a notícia de que não veria mais o pai. Foi a notícia mais difícil da minha vida! Como lidar com essa situação? O que eu sabia era que, a partir daquele dia, a minha total prioridade era acolher o meu filho durante o período do nosso luto. Eu queria estar ainda mais próxima dele dali para frente, sem restrições, estando disponível quando ele precisasse de mim. Flexibilidade era a palavra-chave. E foi assim que iniciei o que ele chamou de "Projeto Ploc", uma referência ao chiclete, por ter ficado muito "grudada" nele nessa época. No fim das contas, seríamos eu e ele a partir daquele momento.

Na época, a minha carreira exigia muitas viagens, nacionais e internacionais, e por isso decidi que precisava encontrar outro caminho para que pudesse ter mais presença e tempo de qualidade com o meu filho. A mudança vem de algo que você cria ou que acontece para você. Ou ela vem de dentro ou de fora. No meu caso, ela veio de fora. Apesar de não ter focado muito no autoconhecimento ao longo da minha carreira até então – algo que, se pudesse voltar no tempo, teria feito pois hoje sei o quanto é essencial – eu já cuidava do meu planejamento financeiro e de outros pilares de preparação dos quais falaremos aqui. Isso me deu segurança para pedir demissão e focar o que era mais importante para mim. Um ano e meio depois, fundei minha empresa e descobri em mim uma verdadeira empreendedora. Foi uma jornada de transição abrupta para o pós-carreira, mas eu estava preparada. E isso também me deu a possibilidade de reencontro comigo mesma.

A sua mudança virá de dentro ou de fora?

A ESCOLHA DE ALGO QUE PREENCHE O CORAÇÃO

— Maristela Gorayb —

Como comentei na Introdução, comecei a planejar o meu pós-carreira muito cedo, ainda com 38 anos e uma vontade de empreender e fazer diferente daquilo que estava acostumada. Ali, não sabia exatamente de quanto tempo precisaria para essa mudança. Talvez dez ou 15 anos, mas sabia que aquela decisão estava tomada e eu precisava me preparar financeiramente. Mas, além disso, me envolvendo com clientes que se aposentavam e viviam um pós-carreira infeliz, percebi que apenas o dinheiro não era suficiente. Existia uma questão emocional que precisava ser muito bem trabalhada. E este foi um insight que mudou tudo. Logo pensei: *Preciso ter uma visão de futuro. Estou em busca de quê? Quero empreender, mas empreender em quê?*

Essas dúvidas, de algum modo, acabaram gerando certa paralisação em mim. Não sabia se queria abrir uma franquia, ter uma consultoria, uma empresa ou outra profissão. Não fazia ideia de qual seria o próximo passo que daria. O que me ajudou, por outro lado, foi entender quais eram as minhas habilidades para que eu pudesse tomar uma decisão a respeito. Lembra-se de quando comentamos sobre as três perguntas de Witherell? Intuitivamente, foi isso o que eu fiz.

Comecei a buscar conhecimentos, ampliar as minhas competências técnicas e até mesmo a visão que eu tinha sobre o que fazia. Nessa jornada, busquei duas certificações – como planejadora financeira e coach executiva – e confesso que aqui foi o momento que aquela insegurança se acalmou na minha alma. Se tudo desse errado, tinha outra profissão, tinha algo para fazer além do trabalho que já realizava. E, assim, o tempo foi passando, fui nutrindo as minhas paixões e meu networking, até que chegou o momento da transição.

Posso dizer que, quando efetivamente saí e comecei a empreender, me dei de presente escolher exatamente o que tinha vontade de fazer. Queria um desafio diferente, algo que fizesse os meus olhos brilharem. E foi exatamente o que eu fiz. Olhando para trás, percebo que aproveitei a minha jornada executiva na mesma medida que usufrui das coisas boas que a vida oferece. Isso foi muito gratificante, e é o que eu espero para você.

Juntas, podemos afirmar que amamos o que fazemos e estamos mais felizes do que antes. Cada uma a partir de desafios e desejos individuais, mas ambas realizando-se pessoal e profissionalmente ao entregar algo maior para as pessoas. Isso nos enche de alegria.

Por isso, agora entendendo o que chamamos de pós-carreira e qual é a importância da preparação, queremos que você perceba que existem muitos caminhos que podem ser tomados para que você chegue ao mesmo destino. Não queremos vender a ideia de que existe certo ou errado, bom ou ruim. Queremos, por outro lado, trazer a nossa visão sobre cada um dos pilares de preparação que compõem o nosso método, de modo que você entenda o que pode tirar de melhor para si mesmo e aproveitar para a sua jornada individual. Talvez você tenha mais dificuldade em alguns, mas em outros não. Nesse caso, aproveite os seus talentos e desenvolva-se no que é melhor, porém, sem jamais se esquecer dos outros pontos.

Encore (cuja pronúncia é *aan·kor*) é o momento do bis em um show. É o auge do espetáculo! Nosso método Ancor deriva do termo em inglês *Encore Career*, que se refere ao período pós-carreira executiva e pré-aposentadoria, um ciclo que pode e deve ser próspero, produtivo e positivo. Ancor também faz referência à "ancoragem", simbolizando o suporte que nosso método oferece com base em seus nove pilares, fundamentais para uma excelente gestão de carreira e preparação para o pós-carreira. Eles estão agrupados da seguinte maneira:

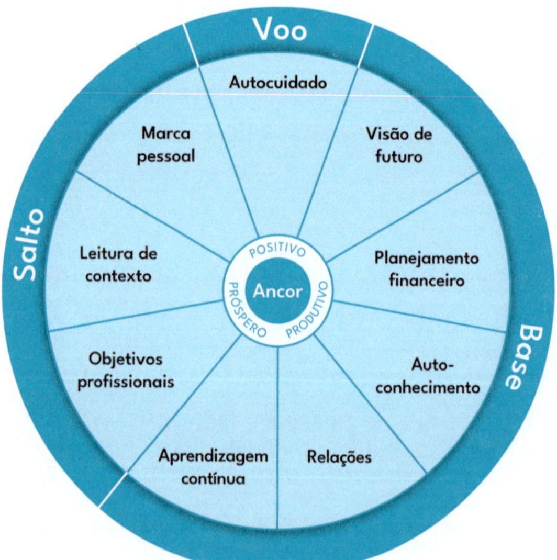

Os cinco primeiros pilares são aqueles que constituirão uma base firme. Nessa etapa estarão contemplados: visão de futuro, planejamento financeiro, autoconhecimento, relacionamentos e aprendizagem contínua. Depois, para dar potência ao salto, você encontrará mais três pilares que fundamentam essa parte da jornada: objetivos profissionais, leitura de contexto e marca pessoal. Por fim, ao chegarmos no voo, teremos o pilar do autocuidado, que em nossa visão é inegociável na construção de um pós-carreira produtivo, próspero e positivo.

Talvez não seja coincidência que o número nove é muito importante neste processo: ele retrata o fim de um ciclo e o começo de outro, remete à completude das realizações do indivíduo e um passo em direção ao novo. É um convite para que você esteja mais preparado.

A partir de cada um dos próximos capítulos, entre o 3 e o 11, queremos apresentar o que aprendemos em nossa jornada individual e com centenas de pessoas, entre elas clientes, entrevistados e amigos que, de alguma forma, contribuíram com vivências, além de muito estudo e pesquisa. São nove pilares que irão posicionar você independentemente da etapa da carreira em que está e, além disso, ao fim de cada capítulo, também queremos deixar reflexões para que tire um momento para pensar, o que se conecta perfeitamente ao poder da reflexão, tópico sobre o qual falamos anteriormente. Queremos tirar você do piloto automático e mostrar que existem muitas maneiras de programar o seu pós-carreira. O que você não pode é ignorar o que aprenderá.

Quanto antes começar, melhor será. Até porque, com mais tempo, você terá a possibilidade de fortalecer o seu posicionamento, postura, segurança e confiança em si, de modo que esteja alinhado com os próprios valores e consiga construir um alicerce sólido para erguer a sua nova casa. **É um mito falar que se preparar para o pós-carreira é deixar de lado a construção da prosperidade. O planejamento do pós-carreira é a construção da prosperidade.**

Queremos tirar você do piloto automático e mostrar que existem muitas maneiras de programar o seu pós-carreira. O que você não pode é ignorar o que aprenderá.

Queremos que você explore a ideia de pós-carreira se apaixonando pelo processo, buscando gerar impacto a partir do que está construindo e fazendo isso com flexibilidade para se movimentar quando necessário. Queremos que o seu

É um mito falar que se preparar para o pós-carreira é deixar de lado a construção da prosperidade. **O planejamento do pós-carreira é a construção da prosperidade.**

pós-carreira seja próspero, produtivo e positivo. Queremos proporcionar uma jornada na qual você sinta entusiasmo e consiga ter ideia do que fará na sua primeira segunda-feira após o seu último dia de trabalho na carreira atual.

E aí, está preparado?

Insight & ação

Insight é algo que, uma vez "visto", não pode sair da visão. É algo que vem de dentro e reverbera em todas as camadas do nosso ser. Portanto, esperamos que você tenha insights a cada capítulo e se mova em direção ao que quer para a própria vida. Então, separe alguns minutos para responder a cada uma das perguntas a seguir e refletir sobre elas.

- Em qual estágio da sua carreira você está e quanto tempo estima que resta para o seu pós-carreira?
- Quem você quer ser após o término do seu ciclo atual de carreira? Como quer estar? Como quer se sentir?
- A partir de agora, o que motiva você a entender quais são os nove pilares que vamos explorar?

PARTE 1
BASE

3

TENHA UMA VISÃO DE FUTURO

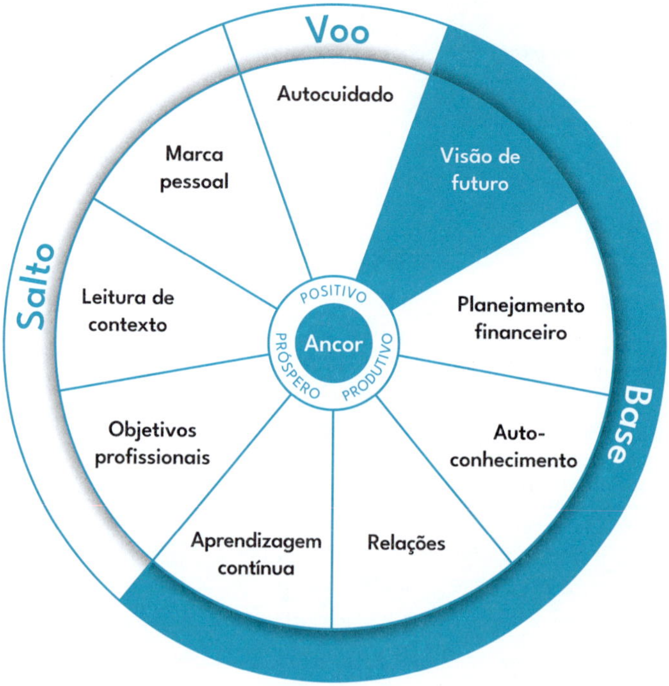

Vamos imaginar que a vida profissional é como a navegação em alto-mar. Dentro do barco, você enfrenta tempestades, correntes fortes e extensões de água sem-fim. Mas ali, navegando, para não se perder e ter uma noção de direção e destino, muitas vezes será preciso encontrar um farol no horizonte. Este farol é a *visão de futuro*, o nosso primeiro passo no planejamento e construção de um pós-carreira de sucesso.

Para nós, ao conectar a carreira ao pós-carreira, estamos utilizando a visão de futuro, e isso acontece porque a primeira é o ponto de partida, e a segunda é o destino. Ou seja, a visão de futuro é o foco que norteará a sua preparação para o pós-carreira. Se quiser começar a pensar sobre ela, volte à segunda pergunta da página 59, no capítulo anterior, e reflita: quem eu quero ser depois que essa fase da minha carreira acabar? Não existem respostas certas ou erradas, apenas individuais.

Sendo assim, ter visão de futuro é conseguir imaginar o que se deseja alcançar em um período posterior da carreira. Algumas pessoas chamam isso de projeção de sonhos; outras, de objetivos de longo prazo. Ambas as opções estão corretas, mas, para nós, a maneira mais ampla que gostamos de utilizar é pensar que a visão de futuro é a nossa *intenção*, isto é, algo pelo qual estamos agindo para que possamos alcançar o novo. Em outras palavras, a visão de futuro é o fio condutor que norteará você a partir de uma intenção. E você até pode olhar longe e mirar em um lugar mesmo que acabe em um destino diferente. Isso não importa. **O importante é ter o fio condutor e não ser inflexível durante a jornada.**

Você já ouviu falar em um conceito que diz que primeiro precisamos "ser", para depois "fazer" e por fim "ter"? Na abordagem de coaching, esse conceito é chamado de Ciclo da Realidade, e nada mais é do que a ideia de que a nossa realidade é criada por nós mesmos e é pautada em três fases: ser, fazer e ter. Em primeiro lugar, precisamos "ser" aquilo em que acreditamos e desejamos. Se a sua visão de futuro para o pós-carreira é pautada em um objetivo completamente novo, por exemplo, o movimento "ser" diz respeito a definir quem você quer se tornar. Depois de imaginar isso, é preciso "fazer". Aqui você criará as ações que o levarão ao objetivo escolhido. Por fim, quando chegamos ao "ter", estamos no destino final e você alcançará o que deseja a partir de todas as ações que foram construídas por você.

De maneira prática, pense em uma situação de demissão. Se você acredita *ser* incompetente e por isso foi demitido, você criará uma realidade para si mesmo e suas ações (*fazer*) irão refletir o como você

Para que algo se concretize, ser, fazer e ter precisam andar de mãos dadas. **E isso está alinhado com o conceito da visão de futuro.**

se vê (ou se sente). Como consequência, você *terá* aquilo que a realidade de alguém incompetente oferece. Por outro lado, na mesma condição de demitido, se você se sente autoconfiante e age de maneira determinada e segura, suas chances de conseguir uma nova ocupação são bem maiores. Faz sentido?

Com a visão de futuro, a lógica é a mesma. Comece buscando este farol, essa sua intenção do que quer sentir e planeje o fazer e o ter. Agir a esmo, sem planejar o que será feito, sem entender para onde está indo, tende a ser ineficaz. Percebe qual é a dinâmica disso? Para que algo se concretize, ser, fazer e ter precisam andar de mãos dadas. E isso está alinhado com o conceito da visão de futuro.

Se pensarmos que a vida muda a partir do movimento, principalmente aquele feito com intenção e sem estar no piloto automático, a visão de futuro é exatamente a projeção desse movimento em direção ao lugar em que você quer chegar. Agora, sem isso, você provavelmente chegará a qualquer lugar, e esse espaço não basta para a felicidade e a realização no seu pós-carreira. Pessoas mudam, contextos mudam e a visão de futuro pode mudar. Talvez, o que faça sentido para você hoje não faça mais daqui alguns anos. Não tem problema! O importante é começar a refletir sobre isso, construir um plano e agir.

Apesar de o conceito da visão de futuro poder ser utilizado para todas as áreas da vida, focaremos somente o que tange o pós-carreira, uma vez que é o assunto principal do livro. Precisamos, portanto, além de entender alguns pontos do funcionamento do cérebro, considerar os nossos valores, desejos, aspirações e recursos. Resumidamente, queremos que a visão de futuro ofereça uma direção e um propósito, mas também aumente a sua resiliência e a capacidade de adaptação diante dos possíveis desafios que irão surgir.

As duas faces do eu

Otto Scharmer, professor sênior do MIT e presidente do Presencing Institute,[1] tem se dedicado por mais de 20 anos aos temas que envolvem o desenvolvimento humano e possui uma história fascinante sobre um momento em que tudo mudou na sua vida. Em seu livro *Theory U* (Teoria U), ele fala sobre uma experiência pessoal, e queremos contá-la a partir das nossas impressões para explicarmos sobre a importância da visão de futuro como passo inicial dessa busca por novas respostas para o pós-carreira.[2]

A história começa assim: em um dia qualquer, na Alemanha, Otto deixou a fazenda de mais de 350 anos em que morava com o pai e foi para a escola, mas sem saber que aquela seria a última vez que veria seu lar do modo como era. Ele conta que, por volta das 13h, foi chamado pela professora, que lhe pediu que voltasse imediatamente para casa. Algo estava errado, mas ele ainda não sabia exatamente o quê. Tinha certeza de que era grave o suficiente e correu para chegar o mais rápido possível na propriedade em que vivia.

Com o coração acelerado, começou a ver enormes nuvens de fumaça perto da fazenda. Quando desceu e se aproximou, viu centenas de vizinhos, bombeiros e policiais, todos tentando conter o fogo que estava diante dos seus olhos. Estarrecido, ele fala que não conseguia acreditar no que estava vendo. O lugar em que tinha vivido por toda a vida estava destruído por fogo e fumaça. Nada havia se salvado. Ali, enquanto encarava as chamas e sentindo o seu calor, pensava que havia

1 PRESENCING INSTITUTE. *Presencing Institute*. Disponível em: https://presencinginstitute.org/. Acesso em: 25 set. 2024.

2 SCHARMER, C. O. *Theory U*: leading from the future as it emerges. Oakland: Berrett-Koehler Publishers, 2009.

perdido tudo, mas acabou percebendo que, na realidade, talvez isso não fosse verdade. Apesar do desespero, ainda estava ali, vivo, com a possibilidade de encarar o futuro independentemente de qual fosse. Existia um "eu" maior que estava assistindo o desastre a partir de uma nova dimensão que nunca tinha percebido existir, mas que mostrava as possibilidades que ele tinha de criar um futuro e transformar a triste realidade que estava diante dos seus olhos.

Em vez de ficar apegado ao que era material, decidiu focar o seu verdadeiro eu que o impulsionava para um futuro desejável, mesmo que naquele momento parecesse improvável. Otto Scharmer conta também que percebeu que esse acontecimento foi o começo de algo maior, como se estivesse se dividindo em duas partes: uma parte conectada ao passado, e uma parte conectada ao que ele poderia ser no futuro: "Somente anos depois percebi que minha experiência diante do fogo era o começo de uma jornada. [...] Diante do fogo, experimentei como esses dois eus começaram a se conectar um ao outro".[3]

Esta passagem marcante da história de vida de Otto Scharmer ilustra que mesmo quando tudo está destruído, ainda podemos acessar o nosso interior, o nosso verdadeiro eu e olhar para o futuro que queremos criar. Com a liberdade da interpretação de uma experiência tão traumática e transformadora, acreditamos que ali ele se viu diante de uma visão de futuro muito poderosa. Não

Em vez de ficar apegado ao que era material, decidiu focar o seu verdadeiro eu que o impulsionava para um futuro desejável, mesmo que naquele momento parecesse improvável.

3 Tradução livre de: "Only years later did I realize that my experience in front of the fire was the beginning of a journey. [...] In front of the fire I experienced how these two selves started to connect to each other" (SCHARMER, C. O. *Theory U*: leading from the future as it emerges. Oakland: Berrett-Koehler Publishers, 2009).

temos como saber se teria sido diferente caso o incêndio não tivesse acontecido, mas o fato imutável é que a visão de futuro estava ali diante de si e ele escolheu abraçar essa proposta para construir algo ainda melhor. Acreditamos que essa é a importância da visão de futuro: ela pode transformar o nada, o destruído, em algo possível. Ela pode transformar uma jornada que se passa no lugar-comum em algo que dá passos cheios de intenção para algo maior.

Contudo, não é necessário acontecer um desastre para que essa decisão seja tomada. A visão de futuro pode ser um processo feito com calma, paciência e dedicação. E como comentamos, pode ser alterada ao longo do caminho para se adequar aos novos contextos. Porém, o mais importante é que se inicie agora. Se precisar, faça como Otto e reconheça que você pode ter duas facetas: uma conectada ao seu passado e outra ao que você quer se tornar no futuro. E é possível fazer isso a partir das áreas do nosso cérebro, basta entendê-las para aplicar. Vamos ver como?

A junção das três partes

Marilyn Atkinson e Rae T. Chois, em seu livro chamado *A dinâmica interna do coaching*, cujo tema é pautado no celebrado treinamento Erickson de coaches, aborda em detalhes o funcionamento do nosso cérebro. Ali, vemos que ele é composto por três partes físicas distintas e únicas, um sistema chamado também de cérebro triplo ou trino, e essas partes, por sua vez, são chamadas de: cérebro instintivo (ou reptiliano), cérebro emocional (ou sistema límbico) e cérebro racional (ou córtex pré-frontal).[4]

4 ATKINSON, M.; CHOIS, R. T. *A dinâmica interna do coaching*. São Paulo: PerSe, 2015. cap. 2.

Cérebro triplo

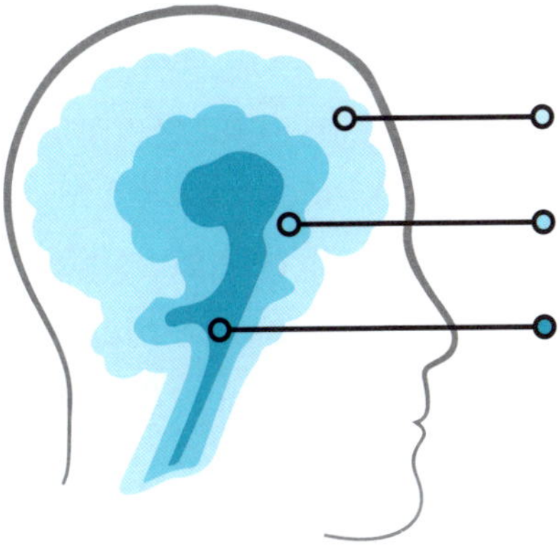

Vamos começar pela parte mais "antiga" do nosso cérebro, o *instintivo*. Esta é a parte compartilhada entre o nosso cérebro e o dos animais, remontando aos primeiros répteis que andaram pela Terra e os animais que evoluíram nos últimos milhões de anos. É uma área específica para a sobrevivência, ou seja, possui como função principal nos manter seguros e ativar respostas automáticas de luta, fuga ou paralisação dependendo do contexto em que estamos.

Vamos imaginar os nossos antepassados, por exemplo, que precisavam caçar e se proteger dos predadores. Nesse contexto, o cérebro instintivo era fundamental e estava ali para garantir, entre outras funções, a perpetuação da espécie. Sem ele, provavelmente os nossos antepassados não teriam sobrevivido e, consequentemente, nós também não estaríamos aqui para contar história. Porém, assim como tudo na vida, esse instinto protetor possui dois lados para a mesma moeda. Ao mesmo tempo que essa resposta de proteção nos tira do perigo, ela também pode ser ativada a partir de perigos imaginários, gerando preocupação e ansiedade, na maioria das vezes desnecessárias.

Depois, temos o *cérebro emocional*, cujo funcionamento acontece a partir das nossas emoções, como medo, raiva, amor e tantas outras. Essa evolução é muito importante para a nossa espécie, pois é ela que nos diferencia – os mamíferos – de outros animais. Ao lado do cérebro reptiliano, o sistema límbico trabalha ao conectar a consciência física (do primeiro cérebro) à consciência emocional (do segundo cérebro). E ele é responsável, inclusive, por resgatar as memórias do passado e fazer você sentir as mesmas emoções que teve ao viver aquele momento.

Além disso, existe outro ponto fundamental: o cérebro emocional não pensa no futuro, tampouco faz planos de longo prazo. Justamente por isso, costumamos falar que esse cérebro prefere que as coisas permaneçam como estão. Ao não pensar no futuro, o seu sistema límbico sempre privilegiará o presente como é e resistirá à mudança. Ele quer manter padrões, continuar com os mesmos hábitos, o que é uma desvantagem enorme para o nosso objetivo aqui, que é entender e organizar a visão de futuro de algo novo que se quer construir: "É importante entender que, antes que uma mudança transformadora possa acontecer dentro de uma pessoa, o cérebro emocional precisa ser assegurado de que o grupo [da família, da tribo] é seguro".[5]

Por fim, ao chegarmos ao *cérebro racional* – a parte mais externa, humana e "jovem" do nosso cérebro, tendo aparecido há aproximadamente dois milhões de anos – temos o sistema visionário do conjunto que nos auxilia em nossos planos e objetivos. É a parte que ocupa o maior espaço do nosso complexo cerebral e tem 16 trilhões de conectores de neurônios. Ela é flexível e

5 Ibidem.

capaz de criar, projetando diante de nossos olhos cenários de possibilidades relacionados ao que estamos enfrentando. Isso nos permite escolher, de modo estratégico, o que mais se adequa ao nosso momento. Aqui entra a visão de futuro, a visualização e a capacidade que temos de criar a realidade em nossa mente: "Todas as coisas acontecem primeiro na mente e depois na realidade".[6]

Para Atkinson e Chois, "a visualização é uma maneira de aumentar a capacidade de notar a presença interior de cada sistema cerebral". E isso é fundamental porque, para se ter uma visão de futuro que se concretize, todos os três cérebros precisam estar alinhados e trabalhar juntos: "Quando os três cérebros estão de acordo, o sucesso é possível. Sem o alinhamento dos três cérebros, o sucesso é difícil".[7] Por isso, na tomada de decisão em relação à visão de futuro, será preciso alinhar as expectativas em relação ao seu cérebro reptiliano (de sobrevivência), ao sistema límbico (as emoções e vontade de manter o padrão como está) e ao córtex pré-frontal (ou sistema de visualização).

Mas como é possível fazer isso? Deixaremos algumas reflexões ao fim do capítulo.

Aqui entra a visão de futuro, a visualização e a capacidade que temos de criar a realidade em nossa mente: "Todas as coisas acontecem primeiro na mente e depois na realidade".

6 Ibidem.

7 Ibidem.

COLOQUE ATENÇÃO NA INTENÇÃO

— Flavia Perez —

Fernando Pessoa, filósofo e poeta português, tem uma frase de que gosto muito. Ele diz: "Matar o sonho é matarmo-nos. É mutilar a nossa alma. O sonho é o que temos de realmente nosso, de impenetravelmente e inexpugnavelmente nosso".[8] Assim é também a visão de futuro: ela está diretamente conectada aos nossos sonhos. No meu caso, a minha visão de futuro era buscar algo que me trouxesse felicidade e evolução como ser humano. Nada muito racional. Sempre fiz tudo com muita paixão, e pensar sobre essa etapa não foi diferente. Tomei decisões acessando o meu sentir, com coragem e curiosidade, e vejo que realizei meus sonhos. Criei o meu próprio ciclo positivo de realidade que contribuiu com a minha preparação. Hoje, vivo o meu propósito de conectar-me com as pessoas, impactando-as positivamente, e colaborando para que alcancem os seus objetivos e apreciem o aprendizado que as mudanças oferecem.

Se você tem uma intenção e coloca atenção nela, você gera movimento e vai para onde quer ir. A visão de futuro é, portanto, como você quer se ver, e aqui entra algo fundamental: em algum momento, você precisará decidir no que quer colocar a atenção e do que vai abrir mão para que a sua visão de futuro se concretize. Todos nós precisamos ter essa clareza em algum momento.

8 SOARES, B. De resto eu não sonho, eu não vivo, salvo a vida real. In: *Livro do desassossego, por Bernardo Soares*. Lisboa: Ática, 1982. v. 2. Disponível em: http://arquivopessoa.net/textos/2442. Acesso em: 23 jun. 2024.

SALTAR PARA VOAR

— Maristela Gorayb —

Visão de futuro é construir algo que move você. É a força de motivação que nos faz ir além. E quando pensamos que o pós-carreira chegará e teremos um buraco que precisará ser preenchido por algo, a visão de futuro é o alicerce que faz você encaixar algumas peças nesse buraco para que a estrutura do caminho ganhe corpo. Veja como é importante traçar um percurso, porém sem ficar apegado a ele.

Para mim, continuar tendo liberdade era fundamental. Eu desejava ser livre financeiramente e trabalhar sem me preocupar com dinheiro. Queria estar pronta para saltar e voar, sem correr o risco de despencar de um precipício. Por isso, em um primeiro momento, visualizei que seria planejadora financeira no meu pós-carreira. Ao me aprofundar neste tema, percebi que, para ajudar as pessoas a se planejarem financeiramente, precisava ajudá-las a entender as suas motivações. Então, notei que o sonho que sempre esteve presente comigo era construir algo que apoiasse as pessoas em seu futuro profissional.

À minha frente, então, abriram-se novos horizontes que estavam além do planejamento financeiro, e escolhi empreender como meio de concretizar o que sonhava. E estas páginas são a materialização da minha visão de futuro.

No fim, tudo estava conectado.

Sabemos que nem todas as pessoas possuem facilidade de imaginar o futuro. Assim, o que queremos que você tenha em mente nesse primeiro momento é que nenhuma decisão será definitiva, independentemente de qual seja. Você não precisa acertar a decisão que tomará a partir de agora, e ela não precisa ser totalmente clara, mas precisa, por outro lado, ser suficiente para dar energia para que você realize coisas, se prepare e faça movimentos importantes para seu futuro.

Se tiver dificuldade de planejar os próximos anos, olhe apenas para o ano seguinte. Se tiver dificuldade de olhar o ano seguinte, tente focar os meses subsequentes. Se tiver dificuldade de olhar os meses subsequentes, tente ao menos olhar as próximas semanas. Mas seja lá qual for a decisão tomada, ela precisa ter significado para você, afinal de contas, o que será decidido disporá de reflexão, tempo e energia para concretização. Invariavelmente, o que sabemos é que a carreira executiva acabará em algum momento, e a visão de futuro é o que permitirá você ter algo para colocar no lugar dela, evitando, assim, o vazio e o luto. Queremos que, em vez disso, você esteja celebrando com entusiasmo um novo ciclo da sua vida profissional.

Sendo assim, preparamos três passos que são o início da construção da sua visão de futuro. Utilize isso como base, mas vá além e conecte os seus três cérebros para visualizar um guia que dará as respostas ao longo do caminho.

Insight & ação

Passo 1 - Reflita sobre você

Pensar sobre o futuro, como vimos, é trazer o cérebro racional para a equação. Para isso, você pode utilizar algumas perguntas.

1. O que você faria se dinheiro não fosse uma necessidade para você?

2. O que coloca você em um estado de *flow* com envolvimento, entrega e satisfação que faz com que não veja o tempo passar?
3. Quais são os temas que você estuda e tem vontade de aplicar, mas talvez não consiga por falta de tempo ou qualquer outro fator?
4. Por quais motivos você é elogiado em casa e no trabalho?
5. Com quem ou com quais tipos de pessoas você gostaria de passar o seu tempo?
6. Qual é o legado que você quer deixar?
7. O que você faz ou poderia fazer que contribuiria para a sociedade, para a sua família ou para uma comunidade?

Passo 2 - Entenda seus valores

Pense em situações da sua vida em que foi necessário refletir sobre o futuro para fazer escolhas importantes, como a escolha da sua profissão, do curso universitário que você fez, de algum relacionamento que tem ou teve, etc. Aqui, o objetivo é que você perceba quais foram os pontos mais importantes na tomada de decisão, o que foi prioridade para você naqueles momentos. Se possível, faça uma lista e tente encontrar a intersecção do que achou. Tente entender quais foram os pontos repetidos que estavam presentes em todos os momentos. Faz sentido pensar que eles são os seus próprios valores pessoais (ou eram naquele momento)?

Valores são o que você considera importante na sua vida e determinam como você se comporta perante as situações, pessoas e o mundo. Eles serão o seu guia na construção da visão de futuro. Quais desses valores que você encontrou ainda fazem sentido para você hoje?

Invariavelmente, o que sabemos é que a carreira executiva acabará em algum momento, e a visão de futuro **é o que permitirá você ter algo para colocar no lugar dela**, evitando, assim, o vazio e o luto.

Passo 3 - Crie possibilidades

Faça o exercício do "e se...". A proposta é que você tente criar possibilidades para a visão de futuro iniciando sempre a frase com "e se...". E se eu abrisse uma consultoria na minha área de atuação? E se eu entrasse na vida acadêmica? E se eu virasse conselheiro? E se eu abrisse um negócio próprio? E se eu me engajasse em um projeto de liderança social? E se eu buscasse uma causa para apoiar? Tudo é válido. Use a sua imaginação e não tenha medo do que virá. Tente apenas conectar com o que você já encontrou nos passos anteriores.

Depois de passar por essas etapas, você terá mais segurança e tranquilidade para organizar um plano que aliviará a ansiedade da jornada. Conseguirá seguir com direção e propósito para tomar as boas decisões durante todo o tempo, e flexibilidade e adaptabilidade para ajustar o caminho sempre que necessário.

Em resumo, ter uma visão de futuro é ter um norte e um farol que guiará você pelas próximas páginas. Ela dará a energia para que você siga pelos próximos passos e a jornada seja incrível, e para que você também tenha uma primeira segunda-feira do pós-carreira com sentido e propósito, porque o ciclo não termina ali. Na realidade, ele estará só começando.

Lembre-se de que você sempre tende a ver aquilo que está buscando. E não existe nada mais poderoso do que saber o que você está querendo criar.

4

FAÇA O SEU PLANEJAMENTO FINANCEIRO

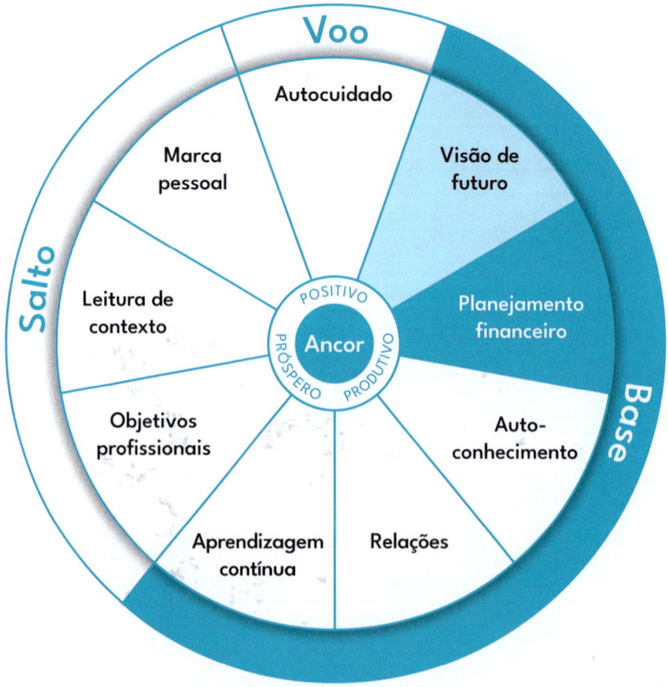

Imagine que você chegou ao tão sonhado momento do pós-carreira. Tudo pronto e planejado para saltar, mas existe um ponto importante que não foi cuidado: o seu dinheiro. Chegar ao pós-carreira sem olhar o planejamento financeiro é deixar a liberdade de escolha de lado e correr o risco de não poder tomar uma decisão pautada em seus propósitos e no que você realmente gostaria de fazer. Aí está a importância do planejamento financeiro.

Essa etapa, uma das mais indispensáveis da jornada, trará a base segura para que você possa saltar com confiança, sem cair em águas profundas. O planejamento financeiro ditará se você será refém da próxima fonte de renda ou terá liberdade de escolha para os próximos passos da sua carreira. Além disso, em outra instância, fazer o planejamento financeiro é também trazer alívio para os seus familiares e poder envelhecer com dignidade, porque uma vez que você estabelece uma reserva financeira, você deixa de depender de outras pessoas futuramente. E quem não quer isso?

O planejamento financeiro ditará se você será refém da próxima fonte de renda ou terá liberdade de escolha para os próximos passos da sua carreira.

Podemos definir como o planejamento financeiro do pós-carreira tudo o que você precisará organizar financeiramente para ter uma *encore career* mais confortável e com liberdade; para que você possa escolher entre uma atividade não remunerada ou algo que trará retornos financeiros, pois o dinheiro não pode ser um fator determinante na hora de decidir sobre os próximos passos. E veja que aqui não estamos, de modo algum, desconsiderando a aposentadoria tradicional. Ela é um caminho válido, mas não precisa ser o único.

Sendo assim, as escolhas que você fará no pós-carreira estão diretamente relacionadas a isso. A liberdade do que fazer nessa etapa é diretamente proporcional à sua reserva financeira. Quer ver só? Tente imaginar pessoas próximas de você que já chegaram nessa fase. Pense em conhecidos, colegas ou familiares. Como está sendo o pós-carreira de cada uma dessas pessoas? Possivelmente você conhece alguém que não se planejou financeiramente e hoje precisa trabalhar de maneira obrigatória para continuar tendo uma fonte de renda. É provável que também conheça outras pessoas que conseguiram saltar com segurança e escolher próximos passos sem se preocupar com dinheiro. A pergunta que fica é: quem é mais livre? O dinheiro pode não comprar felicidade, mas ele com certeza compra liberdade. E outro fato que não podemos deixar de considerar: a segurança proporcionada por um planejamento financeiro de longo prazo é algo que com certeza melhora muito a qualidade de vida.

Queremos, portanto, evitar depender única e exclusivamente de precisar ganhar o dinheiro na hora que o salto para o pós-carreira chegar. O remédio para isso é o planejamento financeiro. Para ilustrar melhor essa dinâmica, vamos imaginar este assunto a partir de uma analogia simples: cada pessoa tem uma caixa d'água, em que o conteúdo líquido guardado é o dinheiro que será utilizado futuramente. É como um reservatório, e o objetivo é encher essa caixa d'água até o nível máximo, considerando que, a cada novo dia/mês, precisaremos recorrer a essa água para que possamos sobreviver.

O consumo diário e mensal de água corresponde ao valor que gastamos, ou seja, às nossas despesas, enquanto a água armazenada representa nossa reserva financeira. Quanto mais água utilizarmos, menos reserva teremos, mas quanto mais água tivermos, maior será a nossa reserva e mais tranquilos ficaremos. Nossa intenção jamais será esvaziar por completo a caixa d'água e, se possível, continuar abastecendo-a mesmo durante o pós-carreira, ainda que com um fluxo menor de entrada.

Percebe, então, qual é a ideia aqui? O planejamento financeiro para o pós-carreira é necessário para que você faça um controle de gastos e tenha uma reserva financeira. Desta forma, a sua caixa d'água estará cheia quando o momento do salto chegar. E isso vale para todos, não importa em qual fase esteja, mesmo que o pós-carreira se encontre a um passo de distância da sua situação atual. É melhor começar hoje do que não começar nunca.

Este tema é discutido por inúmeros estudiosos do campo, inclusive por Morgan Housel, em seu livro *A psicologia financeira*, que oferece uma análise profunda sobre como o comportamento humano afeta as decisões

O dinheiro pode não comprar felicidade, **mas ele com certeza compra liberdade.**

financeiras. Ali ele destaca que atitudes como paciência e austeridade são mais importantes do que o conhecimento técnico, além de enfatizar a importância de ter uma reserva financeira não só como um colchão de segurança, mas como uma maneira de aproveitar as oportunidades que podem aparecer no futuro. No livro, explora também a relatividade da riqueza, ou seja, mostra como a satisfação – ou insatisfação – pode ser influenciada por comparações sociais e expectativas pessoais. Além disso, comenta que flexibilidade é tudo, afinal, precisamos nos adaptar às mudanças e aos imprevistos se quisermos evitar furos no planejamento. Rigidez nunca é o caminho.[1]

Gustavo Cerbasi, consultor, palestrante, especialista em inteligência financeira e autor best-seller, fala em seu livro *A riqueza da vida simples*: "Independentemente de quanto recebemos pelo nosso trabalho ou de nossos investimentos, o que determina nossa saúde financeira são nossos gastos. Em outras palavras, não é a nossa renda, mas, sim, o nosso consumo que determina se teremos ou não dificuldades financeiras, se somos ricos ou não".[2]

Aqui entra **a lógica da vida simples: ela diz respeito a fazer escolhas financeiras mais sustentáveis que estão alinhadas aos seus objetivos e, consequentemente, ao pós-carreira.** É uma proposta para desafiar a mentalidade de consumo em excesso e mostrar que o sucesso da vida está, verdadeiramente, em conseguirmos fazer atividades que trazem alegria e satisfação. É a partir da construção de uma vida simples, reduzindo custos fixos e adotando uma postura de gastos diferente da que possivelmente você tem hoje, que você poderá

1 HOUSEL, M. *A psicologia financeira*: lições atemporais sobre fortuna, ganância e felicidade. São Paulo: HarperCollins, 2021.

2 CERBASI, G. *A riqueza da vida simples*: como escolhas mais inteligentes podem antecipar a conquista dos seus sonhos. Rio de Janeiro: Sextante, 2019.

construir um futuro financeiro melhor. Perceba que, se falamos que a liberdade é diretamente proporcional ao planejamento financeiro, planejar o pós-carreira envolve abrir mão de algumas coisas menos importantes hoje para ter coisas realmente importantes no futuro. Isso faz parte do jogo, e não só para este momento, mas para a vida toda.

Algo que nós temos em comum é a admiração pelo Cerbasi e pelo trabalho que ele realiza. O nosso despertar para a importância do planejamento financeiro aconteceu, entre outros motivos, por conta da influência que ele exerceu em nossas vidas como um dos precursores do assunto no Brasil. Hoje, somos muito gratas pelo trabalho que ele realiza e tivemos a oportunidade de agradecer a ele pessoalmente pela influência positiva que ele teve em nossa jornada.

UMA PROJEÇÃO PARA O FUTURO

— Maristela Gorayb —

Quando comecei a sentir o fim da minha carreira executiva, percebi que era uma necessidade latente começar a checar se eu estava ou não pronta para aquilo. Comecei a perceber que o que eu gostava de fazer já não fazia mais sentido na empresa em que trabalhava, assim como o modelo de negócio que eu cuidava não fazia mais parte dos planos. Além disso, a autonomia, que era um dos pontos mais importantes para mim, estava sendo reduzida em praticamente toda a alta liderança naquele momento. Foi então que comecei a perceber que só poderia me manter ali se fizesse coisas das quais não gostava, e para mim isso não fazia sentido. Não me sentia mais inspirada, via a maioria dos meus pares desmotivados pela falta de perspectiva e liberdade – e agora você já sabe quão importantes esses pilares são na minha vida.

Decidi, então, fazer um levantamento mais robusto e detalhado do meu patrimônio financeiro, projetar isso no tempo e atualizar mensalmente. Era uma planilha de Excel cujo nome era "Projeção 2020". Todas as vezes que algo acontecia e eu ficava insegura sobre o caminho que estava trilhando dentro da empresa, abria a planilha para checar as minhas reservas e entender quanto tempo ainda faltava para que eu pudesse saltar com segurança. Esse arquivo era uma fonte de poder para mim e dali eu tirava forças para continuar, pois estava cada vez mais preparada. Anotava tudo o que eu tinha: fundo de garantia, investimentos, o que poupava, rescisão que poderia receber e itens do meu patrimônio que eu poderia me desfazer caso necessário. Procurando ser conservadora, projetava também taxa de juros básica para entender quanto teria de renda mensal passiva para usar até o fim da minha vida, mesmo que não pudesse saber exatamente quando isso aconteceria. No fim das contas, era uma projeção que me trazia segurança. Olhava para ela e pensava: *Vai dar certo*. E deu!

Existe um *downsizing* no pós-carreira, ou seja, uma redução de custos para um estilo de vida mais simples? Sim, com certeza. Deixei de ter aquele salário que a vida executiva me proporcionava, fiz alguns investimentos em negócios e me adequei ao que os meus recursos financeiros me permitiam. Porém, estive acostumada a um estilo de vida mais simples, porque sempre vivi em um padrão abaixo do que poderia manter. Em muitos momentos, me privei de luxos e superficialidades para poupar mais e chegar à liberdade do pós-carreira que tanto queria. Esse é o poder de escolha. Decidi não abrir mão disso, e foi fundamental.

Os meus olhos se abriram pela primeira vez com o Gustavo Cerbasi, em uma palestra dele na Câmara Americana de Comércio com menos de 50 pessoas, quando ele ainda nem era famoso. Na época da palestra, em meu despertar para a importância desse assunto, eu tinha 36 anos e fiquei muito impressionada com tudo o que ele falou sobre fontes de renda extra, independência financeira e planejamento. Saí de lá convicta de que, se ele tinha conseguido, eu também poderia. Ele mostrou as possibilidades, e eu abracei aquelas ideias.

Por isso, reforço sempre sobre a importância do planejamento financeiro para ter uma base segura para saltar. É a partir da sua visão de futuro, conforme vimos no capítulo anterior, que traçamos um plano. Mas é com planejamento financeiro que fazemos esse plano sair do papel e acontecer. Ele gera convicção e tira a pressão. Dá segurança, conforto e coragem para que a primeira segunda-feira após a vida executiva seja muito melhor.

“ CONHECIMENTO É LIBERDADE

— Flavia Perez —

O ano de 2007 foi quando fiquei sem emprego pela primeira vez, desde que assinaram a minha carteira de trabalho quando eu tinha 16 anos. Naquela época, a empresa me ofereceu um programa de *outplacement*, isto é, de transição de carreira, e por meio dele tive acesso a uma assessoria financeira que me ensinou um conceito simples, mas muito poderoso: registrar o fluxo de entrada dos ganhos e de saída das despesas. Mais do que nunca, naquele período sem a renda mensal do emprego, eu precisei entender quanto tinha de reserva financeira e controlar o meu fluxo de caixa. A partir daquele ano, prometi para mim mesma que nunca mais deixaria de cuidar da minha vida financeira. Eu precisava me preparar ainda mais para o futuro e para um momento que não teria mais a renda da vida executiva.

Em 2016, já pensando no meu pós-carreira, consultei novamente essa mesma assessoria financeira e me dei conta do quanto havia evoluído. Já tinha uma segurança que me permitia realmente fazer escolhas em minha vida profissional. Isso me deu tranquilidade para tomar aquela decisão importante, meses depois, de sair do mundo corporativo para estar mais próxima do meu filho, pois ele precisava de mim mais do que nunca. E eu também precisava estar mais perto dele. Me senti pronta para fazer a transição para o meu pós-carreira. E o planejamento financeiro foi fundamental para isso!

Assim, em 2017, com o intuito de conhecer ainda mais sobre inteligência financeira, fiz uma formação de três meses com o mestre Cerbasi, na qual aprendi muito sobre diversos temas, entre eles sobre como investir adequadamente para que o dinheiro trabalhe para você – e não o contrário.

Provavelmente, se não tivesse buscado uma assessoria lá no passado, nem feito o curso de inteligência financeira, esse processo teria sido muito mais difícil e eu possivelmente teria tido que escolher outra carreira pautada no aspecto salarial. No fim das contas, pude fazer uma escolha trabalhando com o que amo, mas sem a obrigação ou urgência de encher uma "caixa d'água sem reserva suficiente".

E se você acha que parei de fazer esse acompanhamento financeiro depois de algum tempo, saiba que isso não aconteceu. Ainda tenho a minha planilha, sei exatamente quanto entra, quanto sai e quais são minhas despesas mensais. Controlo os meus investimentos e patrimônio. Aprender sobre planejamento financeiro me empoderou, e o mesmo acontecerá com você. Entender sobre o dinheiro, como e quanto economizar, além de como fazer com que ele trabalhe para nós, é algo que agrega liberdade e segurança em nossa caminhada, e não há nada que pague isso.

Hoje, com uma visão mais ampla do pós-carreira, posso afirmar que o planejamento financeiro é indispensável. Ele ajuda você a enfrentar qualquer adversidade com mais tranquilidade. Isso sem contar que o planejamento financeiro dará a possibilidade de escolher um pós-carreira por amor, não por necessidade.

Por isso, se você ainda não sabe como fazer o seu planejamento financeiro e tem dúvidas sobre quais passos seguir, termine a leitura deste capítulo e procure um profissional qualificado para ajudar você. Busque também cursos e livros sobre o tema porque conhecimento nunca é demais. Quanto mais souber, mais sentirá segurança. E quanto mais segurança, mais liberdade. Essa é a equação.

Sabemos que falar sobre finanças nem sempre é fácil. Tampouco organizar-se financeiramente em um país com custo de vida alto, com tanta instabilidade e de difícil previsibilidade. Porém, por mais difícil que seja, é fundamental. A nossa proposta aqui é conscientizar você de que esse pilar precisa ser cuidado. E que você pode, a partir de alguns princípios básicos, começar a se movimentar antes que seja tarde demais. É sobre essas etapas que falaremos a seguir.

Mudança de mentalidade

Joe Dominguez e Vicki Robin, autores do livro *Your money or your life*, falam que **"se você vive para ter tudo, o que você tem nunca é o suficiente".** [3] Essa é a mais pura verdade. E completam: "Tanta insatisfação vem do foco no que não temos e que o simples exercício de reconhecer e valorizar o que temos pode transformar a nossa perspectiva".[4]

Para os autores, o objetivo ao construir o livro era muito mais do que ensinar sobre gastos e ganhos, era transformar o relacionamento do indivíduo com o dinheiro. E isso é muito importante, pois de nada adianta entender sobre as bases do planejamento financeiro se você não mudar a sua mentalidade em relação ao assunto. Com uma nova mentalidade, será possível encontrar

---

3 Tradução livre de: "If you live for having it all, what you have is never enough" (DOMINGUEZ, J.; ROBIN, V. *Your money or your life*: 9 steps to transforming your relationship with money and achieving financial independence. Londres: Penguin Books, 2008).

4 Tradução livre de: "So much dissatisfaction comes from focusing on what we don't have that the simple exercise of acknowledging and valuing what we do have can transform our outlook" (DOMINGUEZ, J.; ROBIN, V. *Your money or your life*: 9 steps to transforming your relationship with money and achieving financial independence. Londres: Penguin Books, 2008).

a disciplina necessária para continuar colocando em prática o seu plano, mesmo quando tudo parecer desmoronar ou quando sentir vontade de fazer algo diferente do que está dentro do seu escopo de gastos.

Assim, entre os nove passos apresentados por Dominguez e Robin, queremos chamar a atenção para quatro, que consideramos fundamentais.

O primeiro deles fala sobre tempo *versus* esforço. O tempo e o esforço feitos por você para ganhar dinheiro fazem parte da sua energia vital. Uma vez que você para de olhar o dinheiro como algo externo e passa a entender que ele é parte da sua energia mais poderosa, você começa a reconsiderar os seus hábitos de consumo.

Depois, avançando mais na tomada de consciência, Dominguez e Robin questionam o acúmulo: de que adianta acumular sem parar? Aonde esse hábito nos levará? Aqui, vale entender que existe uma curva ideal de realização, ou seja, em muitos momentos, o consumo mais alto não traz maior felicidade como resultado. Por que então continuar comprando?

No terceiro ponto, **ter consciência dos nossos gastos é tudo de que precisamos.** As nossas compras precisam estar alinhadas com os nossos valores e, consequentemente, nossos objetivos e visão de futuro. Nesse sentido, a gratidão e a sensação de felicidade precisam estar presentes, indo além da compra por impulso e entendendo que a qualidade de vida está em hábitos mais simples, assim como falamos anteriormente.

Por fim, no quarto e último ponto, buscar a independência financeira não é sinônimo de privação ou sacrifício extremo. Muito pelo contrário. **É importante fazer o planejamento financeiro enquanto se vive uma vida plena e feliz, apenas entendendo**

em quais áreas o dinheiro será gasto e quais recursos serão poupados para algo maior.

Eu, Mari, sou uma motociclista apaixonada por esse universo e aloco parte dos meus recursos para comprar bons equipamentos, fazer viagens em grupo e outras atividades relacionadas a esse hobby. E eu, Flavia, adoro esquiar e fazer kitesurf e sei que essas atividades me fazem feliz, por isso também separo parte das minhas finanças para custear as viagens anuais para a prática desses esportes.

Percebe a diferença? Temos paixões, temos hobbies, mas temos também consciência de que o dinheiro é finito. Enquanto estamos gastando com nossas paixões, precisamos renunciar a outros gastos supérfluos para que a caixa d'água não "pingue" mais recursos do que o seu fluxo de entrada suporta. Isso é consciência. É realização, não privação.

Insight & ação

Para fecharmos, apesar de sabermos que poderíamos dedicar um livro inteiro para falar sobre detalhes do planejamento financeiro, queremos deixar de forma resumida alguns passos básicos que são o início para que você possa se preparar financeiramente para o pós-carreira.

1. Use a fórmula mágica

Existe uma fórmula mágica que ajuda as pessoas a terem uma vida financeira mais estável e próspera. E se disséssemos que, se você aplicar essa fórmula em sua vida, o seu planejamento financeiro será muito mais fácil de ser colocado em prática? Parece surreal, mas é a realidade. A fórmula mágica é: procure sempre viver pelo menos um padrão de vida abaixo do que a sua renda permite para você e sua família. É um conceito básico, mas muitas vezes ignorado pela maior parte das pessoas.

Adote hábitos de consumo mais modestos, evite gastos por impulsos e luxos desnecessários. Por exemplo, no meu caso, Mari, em determinado momento, junto com meu marido tínhamos condições de morar em um apartamento duas vezes maior. Mas já vivíamos muito bem, em um bairro bom, e estava claro que qualquer coisa acima daquilo seria apenas para saciar um desejo por status, que talvez não fosse sustentável no futuro. Então, conscientes do que queríamos para o nosso futuro, não foi difícil resistir à tentação.

Costumamos falar que essa fórmula mágica é um estilo de vida. E, a partir do momento em que se começa a colocar em prática, é um caminho sem volta. O valor do dinheiro muda, você passa a perceber como precisamos de menos para sermos felizes. Isso sem contar que, no fim das contas, você segue cultivando uma mentalidade de abundância.

2. Controle seu orçamento pessoal

Você sabe exatamente quanto ganha? Sabe exatamente quanto gasta? Em quais tipos de despesas o seu dinheiro está sendo gasto? Esse é o primeiro passo para um bom planejamento financeiro. É preciso conhecer a sua renda e as suas despesas. Então, separe os seus gastos em um bloco de anotações, em uma planilha, aplicativo ou qualquer outro lugar que seja de fácil acesso para você.

A fórmula mágica é: **procure sempre viver pelo menos um padrão de vida abaixo do que a sua renda permite para você e sua família.** É um conceito básico, mas muitas vezes ignorado pela maior parte das pessoas.

Você sabe exatamente quanto ganha? Sabe exatamente quanto gasta? Em quais tipos de despesas o seu dinheiro está sendo gasto? Esse é o primeiro passo para um bom planejamento financeiro.

Tenha em mente que precisa colocar classificações para os gastos, como despesas fixas (contas de luz, internet, aluguel etc.) e despesas variáveis (aqui entram gastos "mais supérfluos", como comer fora, compras etc.). Depois que fizer isso, faça a checagem de para onde a maior parte do seu dinheiro está indo e veja o que é possível para ter gastos inteligentes para não comprometer "o seu reservatório de água".

Eu, Flavia, gosto de usar um conceito que aprendi no qual cada tipo de despesa (moradia, saúde, transporte, viagens etc.) é classificado em três níveis de prioridade. O primeiro nível são os gastos relacionados aos meus *sonhos*. Pode ser uma viagem em família, um curso que desejo fazer, alguma experiência especial para a minha vida e daqueles que amo. Cada sonho será um projeto e para ele aloco o valor necessário.

O segundo nível de prioridade é a qualidade de vida. O que desejo ter em minha rotina para que tenha um dia a dia feliz? Para quem gosta de movimento, pode ser separar recursos para pagar a mensalidade da academia ou personal trainer; para quem curte vinhos, pode ser degustar um bom vinho por semana. É importante se conhecer para saber o que faz você feliz!

E, por último, temos a categoria de *burocracia*. Refere-se a condomínio, luz, impostos, alimentação no lar etc. Ou seja, tudo aquilo que é necessário ou exigido para que possamos "sobreviver".

Nessa tríade, o importante é sempre buscar reduzir os gastos com burocracia (cerca de 35% dos seus gastos, no máximo) e aumentar na qualidade de vida (50%) e nos sonhos (15%).

3. Tenha metas

Se estamos falando sobre o planejamento financeiro do pós-carreira, e isso envolve uma renda que pingará todos os meses para você após a sua vida executiva terminar, a pergunta que fica é: qual é o valor que você precisa para ter uma vida confortável nessa etapa, mesmo que escolha trabalhar sem nenhum tipo de remuneração? A partir dessa conta, você poderá fazer um cálculo mensal de quanto tempo ainda tem antes do pós-carreira e quanto precisará juntar todos os meses. Porém, não se esqueça de considerar também outras fontes de renda que você terá além desse valor poupado e investido. Com essa definição, estabeleça uma meta e mantenha-se nela.

Então, qual é a reserva financeira necessária para ter a renda desejada? Existe uma regrinha simples e conservadora, mas que dá um bom direcionamento sobre a ordem de grandeza envolvida. Essa regra considera, para fins de projeção, um cenário hipotético de juro real[5] de 6% ao ano. Por exemplo: para cada R$1 mil de renda mensal, você precisará de algo em torno de R$200 mil de reserva. Ou seja, multiplique por 200 o valor da renda mensal que deseja ter para saber quanto deverá ter de reserva financeira. E estamos nos baseando em premissas conservadoras, levando em conta a inflação e que você usará apenas os rendimentos como renda, de modo que a "caixa d'água " não diminua, ou seja, que você preserve o seu capital. Utilize essa regra para definir seu objetivo.

Algo que é fundamental considerar na definição dessa meta é se você pretende fazer investimento em negócios no pós-carreira. Cuidado! Ao abrir um negócio próprio, que demanda um investimento significativo, avalie o impacto disso na redução da reserva que você

---

5 Juro real é o juro nominal menos a inflação.

calculou para gerar a renda que necessita para ter tranquilidade. Um erro aqui coloca tudo a perder e fraudes não faltam no mercado.

Além disso, ao investir em negócios no mundo real, as possibilidades são muitas, mas as taxas de sucesso, nem tanto. Se você usar uma parte considerável da sua reserva em um projeto e ele acabar não trazendo os retornos esperados, o que acontecerá? Pense nisso antes de decidir ou considere acumular uma reserva que permita que você invista em um negócio sem impactar a sua estabilidade financeira nesta fase da vida.

4. Invista bem e assegure seus bens

A primeira etapa da sua formação de reserva é o que chamamos de reserva de emergência. Esse valor poupado é para imprevistos e deve estar investido em produtos de baixo risco e liquidez diária, ou seja, que podem ser resgatados a qualquer momento. Em geral, é recomendado um valor equivalente a seis vezes o valor da sua despesa mensal, mas isso pode variar dependendo de cada caso. Acima da sua reserva de emergência, os investimentos devem ser diversificados entre diferentes ativos e de acordo com o seu perfil de risco. Avalie, inclusive, investir parte em um plano de previdência considerando as vantagens tributárias existentes. Além disso, proteja os seus bens com seguros adequados, como de vida com cobertura para invalidez, saúde e patrimônio. Essas medidas básicas não só proporcionam segurança, mas também potencializam o seu crescimento financeiro a longo prazo.

5. Busque apoio profissional qualificado

É fundamental contar com bons profissionais para apoiar você nas decisões e indicar produtos de investimentos e seguros que sejam adequados ao seu perfil, considerando os seus objetivos e as suas necessidades. Busque profissionais em quem confia e que sejam realmente especialistas no que fazem. E sempre se pergunte: esse produto é mesmo bom para mim ou para quem vende?

Busque profissionais em quem confia e que sejam realmente especialistas no que fazem. E sempre se pergunte: esse produto é mesmo bom para mim ou para quem vende?

Outra dica é contratar um planejador financeiro certificado (CFP) independente que ofereça um serviço personalizado. Esses profissionais possuem uma visão ampla sobre investimentos, seguros, impostos e sucessão, além de trabalharem com imparcialidade, focando exclusivamente os interesses do cliente. Oferecem acompanhamento contínuo, com revisões periódicas e ajustes necessários, sendo possível reduzir riscos e evitar erros financeiros.

6. Invista em conhecimento

Vale a pena também investir em conhecimento próprio com cursos, livros, palestras e conteúdos que vão agregar nessa etapa. Há perfis em redes sociais, blogs e cursos de instituições reconhecidas, como a Anbima, Planejar, Febraban, B3 e CVM, por exemplo. Todas com conteúdo rico e informações de qualidade sobre o tema.

...

Sabemos que é praticamente unânime que as pessoas reconhecem que o planejamento financeiro é importante. Por outro lado, a grande questão é como ter força e disciplina o suficiente para transformar a teoria em prática. Isso significa que você precisa ser fiel ao valor que colocará como objetivo a partir de agora para poupar. Abrir mão de algo faz parte de um processo que é um passo estrutural em direção a algo muito maior no futuro. Guarde bem isso!

O planejamento financeiro é uma jornada que envolve a disciplina e nos presenteia com clareza, principalmente porque proporciona segurança, estabilidade, liberdade de escolha e, acima de tudo, orgulho de si mesmo. Então jamais subestime o impacto do que está construindo a partir de agora.

Abrir mão de algo
faz parte de um
processo que é
um passo estrutural
em direção a algo
muito maior
no futuro.

5

INVISTA EM AUTOCONHECIMENTO

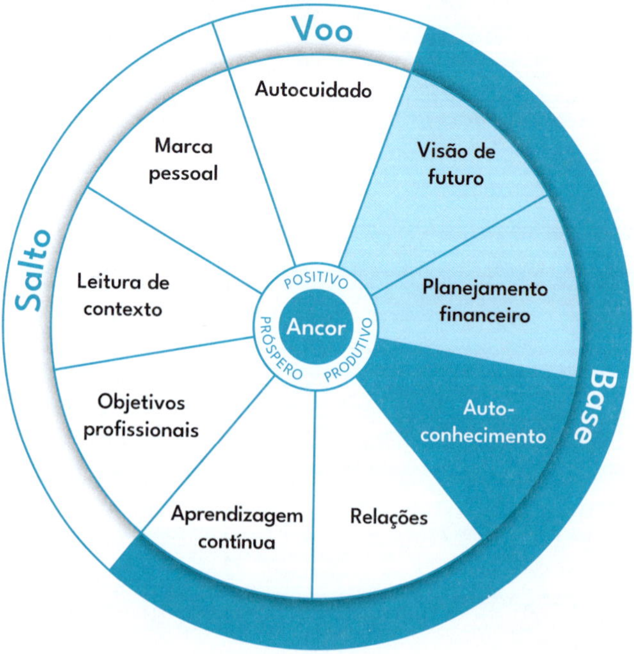

Existe uma parábola, apresentada pelo romancista e professor norte-americano David Foster Wallace no discurso que fez para a Kenyon College em 2005, que ilustra bem a importância do autoconhecimento e da autoconsciência em nossas vidas. Ela diz o seguinte:

> **Enquanto nadam juntos, dois peixinhos cruzam com um peixe mais velho, que está navegando em sentido contrário. O mais velho cumprimenta os mais novos e diz: "Bom dia, garotos. Como está a água?". Ao passo que os dois peixinhos mais novos continuam nadando por um tempo até que um deles olha para o outro e pergunta: "Água? Mas o que é essa tal de água?".**[1]

1 Tradução livre e adaptada de: LACE, D. F. *This is water*: some thoughts, delivered on a significant occasion, about living a compassionate life. Estados Unidos: Little Brown and Company, 2009.

Estar na água é algo tão natural, que o peixinho dessa história não se questiona onde está. Ele não se pergunta onde vive, quem é, o que faz, por que está ali. Ele está apenas nadando, vivendo, sobrevivendo. Do mesmo modo, fazemos isso em muitas circunstâncias. Estamos tão acostumados com o nosso ambiente que nos esquecemos de olhar para dentro e para o entorno, de refletir sobre a nossa essência e sobre o que nos cerca. **E aqui está a importância do autoconhecimento: ele é um pilar fundamental da vida, para tudo o que fazemos, em todas as áreas, todos os momentos e contextos, todas as idades ou camadas. Não apenas para o pós-carreira.**

Por esse motivo, queremos fazer um convite muito especial para você neste capítulo. Queremos que direcione o seu olhar para a pessoa mais importante do mundo: você. Reflita: será que já parou para responder a pergunta "quem sou eu"? Como queremos ajudar nessa jornada interna de reflexão, a nossa proposta é que você passe a conhecer mais sobre alguns dos recursos que nós utilizamos para darmos mergulhos em nós mesmas e nos conhecermos melhor. São algumas das ferramentas que nos ajudaram profundamente: princípios ericksonianos, Teoria U, inteligência positiva, *assessment* de perfil comportamental e *assessment* de talentos.

Poderíamos trazer inúmeros outros conteúdos sobre autoconhecimento, mas, a partir da nossa experiência, sentimos que esses são um bom ponto de partida para quem precisa ter um contato mais profundo com um tema que somos tão apaixonadas. Depois, ao fim do capítulo, temos como meta mostrar que levar o autoconhecimento para a própria vida é um processo contínuo, e finalizaremos com um exercício muito poderoso para que você coloque a mão na massa e descubra mais sobre você.

Pensando na jornada completa, se explicamos no Capítulo 3 sobre a visão de futuro e mostramos que uma das reflexões mais importantes é entender quem queremos nos tornar, para que isso se concretize é preciso autoconhecimento. Tudo está conectado. Com o autoconhecimento, estipulamos a base para que a visão de futuro possa acontecer. Para olhar e decidir sobre os próximos passos, é preciso saber quem somos no presente, e essa clareza só chega com a reflexão. Isso é muito poderoso.

Autoconhecimento nos ajuda a definir metas claras e alinhadas com quem somos; a nos posicionarmos e tomarmos decisões com mais segurança; a potencializarmos os nossos talentos e aquilo em que somos naturalmente bons; a gerenciarmos os nossos pontos fortes e fracos; e, acima de tudo, ajuda a nos valorizarmos.

Em um dos episódios de um podcast, ouvimos uma frase que foi atribuída a Ken Wilber, pensador e criador da psicologia integral, que traz uma ideia com a qual não poderíamos concordar mais. Ali é dito: "Só tem uma saída. E ela está dentro". Todas as respostas de que precisamos estão dentro de nós. Basta saber como encontrá-las. A seguir, apresentaremos alguns caminhos para o seu processo de autoconhecimento.

Ampliação de consciência

Aprendemos em nossa formação de coaching, pela Erickson College International, os cinco princípios ericksonianos que estão diretamente ligados ao processo de ampliação de consciência e transformam a qualidade de nossas percepções sobre nós e os outros. Com uma visão mais ampla do mundo, você pode refletir sobre como se encaixa nele e como as suas ações e pensamentos são influenciados por fatores externos, bem como impactam seu entorno. Listamos, a seguir, os cinco princípios ericksonianos que podem ajudar você nessa reflexão.

Autoconhecimento nos ajuda a definir metas claras e alinhadas com quem somos; a nos posicionarmos e tomarmos decisões com mais segurança; a potencializarmos os nossos talentos e aquilo em que somos naturalmente bons; a gerenciarmos os nossos pontos fortes e fracos; **e, acima de tudo, ajuda a nos valorizarmos.**

Princípio 1: as pessoas estão bem como são

Nós, seres humanos, somos obras em andamento. Isso significa que podemos desenvolver hábitos e competências novos para que possamos evoluir, em qualquer momento de nossas vidas. O que nos aconteceu no passado, nossas experiências e decisões tomadas, nos trouxeram ao momento presente. E isso é imutável. Portanto, não existe estarmos quebrados, e sim sermos portas abertas para a mudança que pode acontecer. Sem julgamento e sem preconceitos. No fim das contas, todos estamos bem.

Princípio 2: as pessoas já têm dentro delas todos os recursos de que precisam

Dentro de nós, temos os recursos necessários para enfrentarmos os novos desafios. Mesmo que isso ainda não esteja tão claro e precise ser desenvolvido, a verdade é que está em nosso *core*, em nosso ser, e podemos construir uma jornada de acesso. O autoconhecimento é o primeiro passo.

Princípio 3: as pessoas sempre escolhem a melhor opção que podem no momento

Se considerarmos que os nossos três sistemas cerebrais andam juntos – instintivo, emocional e racional, assim como falamos na página 70 –, e que eles estão sempre buscando a melhor opção comportamental para garantir o nosso bem-estar e desenvolvimento, a realidade é que estamos fazendo o melhor que podemos com as opções que estão disponíveis para nós a cada momento. Em resumo, as pessoas escolhem a melhor opção a partir do que possuem no presente.

Princípio 4: todo comportamento tem uma intenção positiva

As razões pelas quais tomamos certas decisões podem ser confusas e desafiar o interesse de terceiros, mas a verdade é que comportamentos, em geral, possuem sempre uma intenção positiva como motivador. Mesmo se estou em uma dieta e decido comer um doce, no fundo estou tentando satisfazer uma vontade momentânea que trará felicidade, ou seja, existe ali uma intenção positiva para um comportamento que não deveria estar acontecendo.

Princípio 5: mudanças são inevitáveis

O nosso sistema recebe diversas informações e o nosso corpo responde a isso a partir da mudança. Ou seja, o resultado da soma dos inúmeros estímulos externos e as nossas respectivas adaptações ao que acontece é a recriação ininterrupta de quem somos e do caminho que percorremos. Por isso, viver traz mudanças. O questionamento que fica é: estou mudando em direção ao que eu quero? Estou me aproximando ou me afastando da pessoa que quero ser? Mudar é preciso. Basta saber como fazer isso.

...

Escolhemos começar o capítulo de autoconhecimento com os princípios ericksonianos porque a nossa intenção era que você olhasse para tudo o que está acontecendo em sua vida e tentasse encontrar respostas mais precisas sobre o que o rodeia. Quando estamos bem com quem somos, temos os recursos de que precisamos, fazemos as melhores escolhas possíveis, agimos de forma a gerar algo positivo e aceitamos a mudança como um processo inevitável, começamos a ter as primeiras pistas de como olhar para dentro.

O que você tira de tudo isso? Como poderia internalizar melhor esses princípios? Pense sobre este tema. Em seguida, ainda em um momento de mergulho em si mesmo, queremos que se aprofunde ainda mais.

Teoria U

E como podemos mergulhar em nós mesmos para encontrar algumas das respostas mais importantes de que precisamos? Essa é uma das propostas da Teoria U, consolidada e sistematizada em 1996 por Otto Scharmer, ao lado de Peter Senge e Joseph Jaworski.[2] Iniciamos este assunto no Capítulo 3, ao contarmos a história de Otto, porém aqui, a intenção é aprofundar o tema de sua pesquisa.

Por seguir o formato de uma curva em U, o objetivo principal desta metodologia é desenvolver uma consciência profunda e coletiva para avaliar problemas complexos e criar soluções inovadoras a partir do que foi observado. Ela propõe uma jornada para chegar na melhor possibilidade de futuro para uma questão, um projeto, um problema, um desafio ou um dilema de um indivíduo, time, organização ou comunidade. É uma linguagem falada por agentes de mudança ao proporem transformações sistêmicas e baseadas na ampliação de consciência.

Em julho de 2023, entrevistamos Janine Saponara, mestre em aplicação da Teoria U na resolução de questões corporativas e pioneira na aplicação desta teoria no Brasil. Ela contou que Otto fez uma pesquisa com mais 500 executivos por mais de dez anos para

2 BASTOS, A. O que é e como aplicar a Teoria U como uma ferramenta para promover inovação nas empresas? *Alura*, 20 set. 2023. Disponível em: https://www.alura.com.br/empresas/artigos/teoria-u. Acesso em: 16 ago. 2024.

chegar à versão final da metodologia.[3] Em um primeiro momento, ele queria entender as lideranças. Olhava para algumas empresas e percebia que determinadas intervenções davam certo, mas outras não. A pergunta que ficava era: por quê? Como conclusão, Otto comenta em seu livro algo que ouviu do antigo CEO da Hanover Insurance, Bill O'Brien: **"O sucesso de uma intervenção depende da condição do interventor".** [4]

Intervenção é transformação, são decisões específicas que precisamos fazer perante os desafios. E se o desafio que estamos enfrentando aqui é a preparação para o pós-carreira, combinado com a necessidade de autoconhecimento por parte do interventor, a Teoria U é um importante arcabouço de ferramentas e conhecimentos que podem ser colocados em prática para promover o aprofundamento em nós mesmos e a transformação que estamos nos propondo. Afinal, somos os interventores e precisamos nos conhecer.

Perceba, então, que o nome da teoria dá formato ao processo que você deve percorrer: estamos no ponto A (lado esquerdo e superior da letra "u") e queremos chegar ao ponto B (lado direito e superior da letra "u"), mas, para que essa travessia aconteça, existe um impasse. Se quiséssemos, poderíamos simplesmente traçar uma nova linha que conecta esses pontos sem seguir em direção ao fundo do "u". Seria um atalho. **Mas, no universo do autoconhecimento, atalhos não estão disponíveis. É preciso**

---

3 DÊ UM UNBLUR NA SUA CARREIRA. EP#20 | Teoria U: o que é e como aplicar na sua carreira. Apresentação: Flavia Perez; Maristela Gorayb; Salete Deon. Entrevistada: Janine Saponara. *Unblur*, jul. 2023. Disponível em: https://open.spotify.com/episode/7w5jKbB2Fieww2OnOCV0aq. Acesso em: 15 ago. 2024.

4 SCHARMER, C. O. *O essencial da Teoria U*: princípios e aplicações fundamentais. Osasco: Editora Voo, 2020.

viver o processo por completo para que ele faça sentido. E o melhor caminho é sempre o do aprofundamento.

Vejamos, então, como a teoria pode ser colocada em prática, a partir da nossa adaptação dos passos para que eles façam sentido em nosso contexto.

1. Iniciação (descida da curva da letra "u")

- **Observar.** Essa etapa diz respeito a enxergar a realidade de modo mais profundo e completo. É preciso deixar o julgamento e os preconceitos de lado para realmente entender as situações e o que está acontecendo no seu entorno. A iniciação incentiva você a se conectar com o presente e a observar com empatia. Será que tem vivido o presente e observado o seu entorno com empatia?
- **Sentir o campo.** Uma vez que você analisou com sinceridade o que está acontecendo, é hora de pensar em se abrir para novas informações, perspectivas e sentimentos. É hora de aprofundar as suas conexões consigo mesmo e com o próximo. Nessa etapa, você deve fazer um mergulho em um estado de percepção mais intuitivo e emocional.

Então, queremos deixar algumas perguntas: o que você sente sobre tudo o que está acontecendo com você? O que sente sobre a sua vida e sobre os próximos passos do seu pós-carreira? Como pode utilizar estes sentimentos para potencializar ainda mais o autoconhecimento?

2. Presencing (fundo da curva da letra "u")

Este é o ponto mais baixo da curva e representa uma pausa profunda. É o momento de deixar ir aquilo que não está permitindo a você trazer à tona a sua visão de futuro. A proposta é conectar-se com a inspiração e o propósito e, assim, começar a cocriar, a partir de um lugar de ampla consciência, o futuro que deseja para você.

Por isso, convidamos você a fazer um mergulho ainda mais profundo no que quer para o seu pós-carreira. Olhe com verdade e com intenção para o que está construindo. Faça essa pausa, dê tempo a si mesmo e abra os olhos para o futuro.

3. Realização (subida da curva da letra "u")

- **Prototipar.** Uma vez que você analisou e entendeu a essência de quem é, aqui chega a hora de ter ideias e testar soluções. O que de fato você pode fazer a partir do que descobriu para mudar a sua vida e organizar o seu pós-carreira? Quais atividades profissionais, por exemplo, poderá começar a experimentar enquanto ainda está no mundo corporativo ou na sua atividade atual para avaliar se faz sentido para você em seu pós-carreira?
- **Evoluir.** Precisamos ter consciência de que ideias e soluções precisam ser adaptadas continuamente. É um processo de evolução constante. Afinal, mudanças são inevitáveis. Se der errado, ajuste o caminho, mude e evolua. O autoconhecimento fala também sobre a coragem de abandonar o que não está funcionando e seguir em frente.

Em suma, a Teoria U é uma jornada de reflexão e construção de futuro que ajuda você a se livrar de amarras que podem estar o impedindo de construir o futuro que deseja. Além disso, é uma metodologia que permite o aprendizado por meio não só do pensamento, mas, também, da ação e da experimentação. Considerando que somos

Em suma, a Teoria U é uma jornada de reflexão e construção de futuro que ajuda você a se livrar de amarras que podem estar o impedindo de construir o futuro que deseja.

seres em evolução, essa abordagem ajudará a responder uma pergunta fundamental e que é o passo atual da nossa jornada: "Quem eu quero me tornar?". Com essa resposta, o convite é para que você aja com intenção para que o que está construindo vire realidade.

Com essa etapa muito clara e definida, de nada adianta saber os próximos passos sem estar atento ao que poderia impedir você de seguir adiante. Sendo assim, apresentamos na sequência uma abordagem cujo objetivo é dar ainda mais consciência de possíveis fatores impeditivos da construção do pós-carreira: os sabotadores.

Inteligência positiva

A inteligência positiva é outra abordagem importante que precisa estar no seu radar para que possa descobrir mais sobre si mesmo. Criado por Shirzad Chamine, o conceito de inteligência positiva desvenda as armadilhas preparadas por nossa própria mente diante de processos decisórios importantes. Shirzad nos mostra como o cérebro humano trabalha tanto a favor quanto contra nós mesmos quando o assunto é tomada de decisão.

Segundo ele, é possível mapear o que nos impede de levar projetos adiante, entendendo quais são os nossos sabotadores – que são pensamentos negativos que desenvolvemos a partir de comportamentos que tivemos que adotar na infância e adolescência para sobreviver a determinados contextos, como sobreviver às imperfeições de nossos pais, à carência ou ao excesso de proteção, às inseguranças sociais na adolescência, aos medos na infância etc. Porém, esses comportamentos não fazem mais sentido na vida adulta e se convertem em padrões de pensamentos que provocam sentimentos ruins. Esse tipo de pensamento é o que ele chama de sabotador.

Desse modo, **dentro do universo do autoconhecimento, dominar os sabotadores é fundamental.** Pense conosco: em primeiro lugar, com os princípios ericksonianos, trouxemos reflexões sobre a nossa essência e a ideia de que é fundamental abraçar a mudança. Depois, com a Teoria U, convidamos você a mergulhar ainda mais profundamente em si e preparar o seu pós-carreira, criando um protótipo de próximos passos para que você alcance o futuro que quer criar. Contudo, esses dois movimentos serão em vão se você se deixar levar por seus sabotadores. Eles são poderosos, comandam o que fazemos, então é preciso cuidado.

Esse tema, que se encontra no livro *Inteligência positiva*, de Chamine, é a nossa proposta para que você entenda sobre os próprios sabotadores e conheça a melhor forma de enfraquecer a ação deles, ou seja, ativando o sábio interior e a voz positiva que incentiva a fazer o que é importante, de modo a impulsionar o seu pós-carreira em direção às decisões que precisam ser tomadas em prol da preparação do novo ciclo.

Avaliação de perfil comportamental

Outra metodologia de que gostamos muito é a avaliação de perfil comportamental com base na teoria DISC desenvolvida a partir dos estudos e pesquisas do psicólogo americano William Moulton Marston. Mais adiante, falaremos sobre isso em um resumo do nosso perfil, mas basicamente o objetivo é se conhecer a partir de um teste que traz o entendimento do seu perfil, resultante da combinação de quatro perfis comportamentais observáveis que a teoria denomina como: **D**ominância (assertivo e direto), **I**nfluência (comunicativo e sociável), e**S**tabilidade (paciente e constante) e **C**onformidade (preciso e analítico).

Com essa visão, é possível entender suas preferências e comportamentos observáveis, além de quais são as potenciais áreas de desenvolvimento, com o objetivo de trazer luz às suas capacidades, aos seus pontos positivos e ajudar ainda mais a impulsionar o seu pós-carreira.

Avaliação de talentos CliftonStrengths da Gallup

Assim como o peixe da parábola do início deste capítulo, nós não temos consciência daquilo que é natural para nós. Então, para identificar aquilo que é um padrão natural de pensar, sentir e agir – seus talentos – experimente responder a perguntas como:

- O que você tem facilidade de aprender?
- O que você faz e nem sente o tempo passar?
- O que dá muita satisfação para você?
- O que faz com excelência?
- O que faz que tem um significado especial para você?

Fazer o *assessment* de talentos CliftonStrengths da Gallup foi um divisor de águas para nós. Esta avaliação parte do princípio de que, ao conhecer os seus talentos naturais, você poderá investir neles para que se tornem pontos fortes, **já que são nossos talentos que nos tornam únicos e são a nossa principal oportunidade de excelência.** Investir nos talentos é a melhor relação risco versus retorno, pois faremos menos esforço para ter os melhores resultados, além de uma melhor qualidade de vida.

Mas e os nossos "não talentos"? Esses precisaremos gerenciar para que não nos atrapalhem, mas não devem ser o foco de desenvolvimento. Do mesmo modo, precisamos regular os nossos talentos, já que, uma vez usados exacerbadamente, podem também nos atrapalhar. Quer ver só um exemplo? Quem tem o talento chamado pela Gallup de "Ativação" muito forte possui iniciativa e facilidade para tirar projetos do papel, mas isso também pode ser um impeditivo de seguir em frente porque o indivíduo abre muitas frentes e não finaliza nada que começa, ficando sem o que chamamos de "acabativa". Perceba que algo que é bom e pode ser usado a favor da pessoa, pode se tornar prejudicial se utilizado de modo desregulado. É como a diferença entre remédio e veneno: o que muda é a dose, não é verdade?

Para conhecer mais sobre a linguagem da Gallup sobre este tema, assim como descobrir os seus próprios talentos, indicamos o livro *Descubra seus pontos fortes 2.0*.

Para concluir, é importante considerar outros assessments de autoconhecimento e sua própria rede de relacionamento pessoal e profissional – assunto sobre o qual falaremos no Capítulo 6 – que o ajudará no processo de autoconhecimento proporcionando feedback externo, avaliações 360º e outros *inputs* que podem ser relevantes para você.

Você já percebeu que o autoconhecimento é também um processo de escuta. É preciso ouvir e estar atento ao que está ao seu redor e dentro de você. O nosso convite, portanto, é para que utilize tudo o que trouxemos e o que mais achar necessário para que possa conhecer melhor a si mesmo. Esse movimento é pessoal e intransferível. E cabe a você dar o primeiro passo.

AUTOCONHECIMENTO COMO CATAPULTA

— Flavia Perez —

Quando o assunto é olharmos para nós mesmos, existem alguns pontos indispensáveis que não podemos deixar de mencionar: ter autoconhecimento envolve saber sobre os nossos valores, visão de futuro, talentos, pontos fortes, pontos fracos, paixões, habilidades, crenças e medos. Você já parou para pensar sobre isso?

Eu, que sempre busquei o conhecimento e o desenvolvimento na minha vida, trabalhei por mais de 25 anos com foco em me aprofundar nos temas relevantes para a minha carreira, sem me dar conta de que o principal tema deveria ter sido eu mesma. Esse olhar para dentro, para a minha essência, só aconteceu quando realmente precisei me acessar para encontrar respostas para as perguntas que surgiam na minha cabeça. Ali, comecei minha própria jornada de autoconhecimento, buscando entender quem eu era e o que fazia sentido deixar ir e deixar vir para a minha vida.

Posso dizer com propriedade que caminhei para o fundo da letra "u" e que, quando chegamos ali, somos catapultados para o futuro, porque temos clareza do que queremos. Identifiquei a minha fonte, a minha essência, do que era feita, e então ficou mais simples estabelecer a minha visão de futuro e encontrar o meu caminho.

Hoje, depois de muitos cursos com foco em desenvolvimento pessoal, formações acadêmicas na área, exercícios, *assessments* e profundas reflexões pessoais, compartilho, a seguir, algumas descobertas sobre mim, sabendo que este processo de autoconhecimento deverá continuar para a vida toda:

- **Valores:** sou movida pelo aprendizado contínuo, pela honestidade, por bons relacionamentos e pelo bem-estar. Com tudo isso, posso dizer que busco sempre ser uma pessoa melhor, evoluir em todas as áreas da minha vida e construir boas relações pautadas na verdade. Sou um ser sociável, valorizo demais as pessoas e procuro sempre cuidar do bem-estar físico, emocional, mental e espiritual.

- **Paixões:** estar com meus amigos e família é uma das minhas paixões. Amo me conectar com pessoas e conectá-las entre si e, consequentemente, deixar um impacto positivo na vida de cada uma delas. O esporte me mantém em movimento, o que faz bem para meu corpo e minha mente. A leitura, escrita e conversas interessantes também são importantes. Sou apaixonada pelo aprendizado que as mudanças proporcionam.
- **Talentos:** os meus top dez talentos mapeados pelo *assessment* de talentos CliftonStrengths da Gallup são: Carisma, Positivo, Estudioso, *Input*, Inclusão, Empatia, Realização, Responsabilidade, Intelecção e Excelência.
- **Perfil comportamental:** sou comunicadora e planejadora, ou seja, encaixam-se aqui características como sociabilidade, autoconfiança, paciência e persistência.

E, para fechar este momento individual, quero reforçar o quanto estamos, eu e a Mari, utilizando nossos melhores talentos para escrevermos este livro. Meus talentos Estudioso (amo explorar coisas novas e aprender), *Input* (adoro coletar informações de diferentes fontes e compartilhá-las), Realização (trabalho intensamente para fazer as coisas acontecerem) e Excelência (busco sempre transformar algo muito bom em algo fantástico) estiveram presentes ao longo da escrita do livro, contribuindo para trazer um conteúdo profundo e de qualidade para você. Espero que esteja gostando!

O valor de conhecer seus talentos é poder aplicá-los com intenção e na intensidade adequada para realizar o que se deseja com enorme satisfação e alcançando os melhores resultados.

AUTOCONHECIMENTO COMO INVESTIMENTO

— Maristela Gorayb —

Confesso que queria ter descoberto antes o poder do autoconhecimento. Por aproximadamente dez anos no início da minha carreira, vivi infeliz com o que eu fazia. Mas não sabia exatamente o porquê. Para mim, o que fazia não era motivo de energia, motivação, orgulho e vibração. Estava ali "cumprindo tabela", fazendo o meu trabalho por puro senso de responsabilidade e mais nada.

É claro que pensava em mudar de carreira, mas não sabia nem por onde começar. E por isso culpava tudo o que estava ao meu redor, sem nem ao menos olhar para o fator principal que me faltava: o autoconhecimento. Pensava que, para me sentir feliz, precisaria crescer na carreira, então fiz duas pós-graduações com esse objetivo, mas a verdade é que isso não foi suficiente.

Levei alguns anos para entender que precisava utilizar os meus talentos e habilidades no que fazia para que a minha carreira tivesse sentido. Só assim encontrei alegria profissional, realização e, por consequência, alta performance. E aproveitando o momento, quero compartilhar também o que descobri em minha jornada de autoconhecimento.

- **Valores:** sou motivada fortemente pela liberdade, autonomia, espiritualidade, por bons relacionamentos e por desafios que me impulsionam a seguir em frente. Ser desafiada e ao mesmo tempo ter liberdade e autonomia foram guias durante toda a minha vida, assim como comentei em outros momentos do livro. Depois, percebi que a conexão com Deus e com meus mentores espirituais também eram fatores que não abro mão. Por fim, assim como a Flavia, tenho em conta que os relacionamentos estão acima dos negócios.
- **Paixões:** de modo bem objetivo, costumo falar que amo pessoas, me reunir com os amigos, me aventurar, escrever e trabalhar. Essas

são as forças que me movem. Sou apaixonada por viagens de moto e costumo fazer isso todos os anos há mais de 15 anos.

- **Talentos:** os meus talentos mais dominantes, segundo o *assessment* de talentos CliftonStrengths da Gallup, são: Futurista, Positivo, Individualização, Organização, Relacionamento, Foco, Inclusão, Carisma, Desenvolvimento e Responsabilidade.
- **Perfil comportamental:** sobre o meu perfil comportamental, sou comunicadora, executora e planejadora, o que significa que tenho em mim a independência, a autoconfiança e a persistência.

Aqui, para o livro, posso dizer que tenho utilizado várias dessas características, mas os meus talentos de Foco (capacidade de priorizar), Futurista (inspira com a visão de futuro) e a paixão pela escrita estão sendo plenamente utilizados. Se pudesse voltar no tempo, posso dizer que investiria antes em autoconhecimento não só para abreviar, mas para dar mais brilho ao caminho que percorri. Por fim, se pudesse deixar um conselho, seria esse: autoconhecimento não é facultativo. É obrigatório. Invista nisso!

Um processo contínuo

Você já deve ter percebido como todos os pilares estão conectados e como tudo o que fazemos nos leva a uma nova descoberta. Hoje, sabemos que o autoconhecimento é um ciclo de desenvolvimento que se repete, no qual precisamos estar constantemente buscando respostas e aprimoramento. Apesar de parecer algo muitas vezes árduo e difícil, a realidade é que vale a pena. No início, descobrir tantas coisas novas sobre você mesmo pode até gerar certo incômodo. Mas, depois, ao perceber os seus valores e como eles estão traduzidos em suas ações, ao notar a diferença que faz entender sobre as próprias preferências comportamentais, paixões e talentos, além de tudo o que abordamos aqui, a verdade é que existe um profundo alívio de saber exatamente quem somos e o caminho que precisamos trilhar para chegar aonde gostaríamos. O autoconhecimento liberta e facilita muito as suas decisões.

Com ele aprendemos, inclusive, a nos autoanalisarmos e autopercebermos para que possamos entender o que está acontecendo e o que precisa ser feito a partir de agora. Ele nos ajuda perante os desafios, mas também nos dias comuns. Ele nos dá a base da nossa essência, de quem somos e o que gostamos. E isso não significa que é um processo engessado e que suas descobertas serão imutáveis. Muito pelo contrário. Assim como falamos, a vida muda e nós mudamos também. Porém, precisamos ter certeza do caminho e do que dá sustentação para que todo o resto possa se mover conforme a música é tocada.

No fim das contas, a mudança é inevitável (lembra-se dos princípios ericksonianos?). Por isso, o processo de autoconhecimento jamais termina. Cada etapa da sua vida mostrará um lado de si que você não conhecia. Para as mulheres que decidiram ser mães, por exemplo, essa etapa é completamente diferente das outras. Encontrar uma profissão, buscar um novo emprego, trocar de carreira, encontrar alguém que você ama ou perder alguém também são exemplos de mudança que nos levam ainda mais ao autoconhecimento.

Buscar o autoconhecimento é entender que podemos refletir sobre o passado, mas também planejar o futuro. É entender os próprios desejos, receber feedbacks, buscar olhar para dentro para encontrar as respostas. Autoconhecimento é experimentação. É experimentar viver algo novo, fazer coisas diferentes, provar novos sabores de comida, morar em outros lugares, decidir mudar, abraçar a mudança e fazer tudo isso enquanto olha para dentro e respeita os próprios limites.

> O processo de autoconhecimento jamais termina. Cada etapa da sua vida mostrará um lado de si que você não conhecia.

Ao se encontrar, tudo ao seu redor mudará. Passar a se conhecer melhor é um ato de cuidado consigo mesmo. E não é possível planejar um pós-carreira produtivo, próspero e positivo sem entender quem você é e para onde quer ir. Justamente por esse motivo tentamos, aqui neste capítulo, traçar uma rota que proporcionaria o aprofundamento em si, começando com passos iniciais de reflexão (princípios ericksonianos), indo para um lugar de pausa, mudança e planejamento (Teoria U), avançando para tirar do caminho possíveis impeditivos (inteligência positiva) e, por fim, ajudando você a encontrar o melhor jeito de descobrir e valorizar o seu perfil e talentos (assessments). Esperamos ter atingido o objetivo.

Lembre-se: você é o amor da sua vida. Então, conheça-se profundamente e cuide desse bem precioso.

Insight & ação

Reflexões: Sua vida em Temporadas

Além de tudo o que falamos sobre o autoconhecimento, queremos sugerir a você um exercício poderoso. A proposta é que você escreva a sua história e, refletindo sobre ela, possa se conhecer um pouco melhor. Vamos começar?

Ao se encontrar, tudo ao seu redor mudará. **Passar a se conhecer melhor é um ato de cuidado consigo mesmo.** E não é possível planejar um pós-carreira produtivo, próspero e positivo sem entender quem você é e para onde quer ir.

1. Queremos que imagine que a sua vida é dividida em temporadas. Até porque, assim como em uma série, temos fases diferentes em que pessoas diferentes estão ao nosso lado. Também temos sonhos, gostos e pensamentos diferentes. Por isso, a melhor maneira de organizar a sua história é dividindo-a em temporadas.
2. Você pode escolher fazer isso a cada oito ou dez anos, como se cada ano fosse um episódio, mas é importante que essa conta não passe desse valor para que as temporadas não fiquem tão longas. Por exemplo: se você tem 42 anos, pode fazer as temporadas da seguinte maneira:
   - 1ª temporada: até 10 anos de idade.
   - 2ª temporada: até 20 anos de idade.
   - 3ª temporada: até 30 anos de idade.
   - 4ª temporada: até 40 anos de idade.
   - 5ª temporada: últimos dois anos até o momento atual.

3. Depois de ter feito a divisão de temporadas, é hora de colocar a mão na massa. Reflita e depois responda às seguintes perguntas para cada uma das temporadas:
   - Quais foram os *grandes marcos* dessa fase da sua vida (positivos e negativos)?
   - Quais acontecimentos ajudaram você a formar a pessoa que é hoje?
   - Quem foram as pessoas que mais impactaram a sua vida?
   - Quem você conheceu neste período e fez questão de levar com você?
   - Quem você deixou ir?

- O que agregou de conhecimento nesta época para você?
- Quais habilidades desenvolveu?
- O que mais o inspirou?
- Nessa temporada, o que deu suporte para a sua vida profissional?
- O que mais aprendeu sobre você e vale a pena registrar?

4. Na sequência, você pode dar nomes para cada uma das temporadas e fazer um balanço de tudo. Certamente aprenderá muito sobre si mesmo neste processo. Depois, dê um nome para a sua nova temporada, aquela que está se iniciando agora. A partir das perguntas a seguir, registre as suas reflexões, o que gostaria de alcançar e como serão os seus próximos passos.
    - Quem você quer se tornar?
    - Como será "um dia perfeito" no seu pós-carreira?
    - Quais pessoas você gostaria de ter ao seu lado na próxima temporada?
    - O que você quer que essa nova fase proporcione a você e às pessoas que ama?

Em sua história, você é o personagem principal e o roteirista. Não se esqueça disso.

Em sua história,
você é
o personagem
principal e
o roteirista.
Não se
esqueça disso.

6

DEDIQUE TEMPO PARA AS SUAS RELAÇÕES

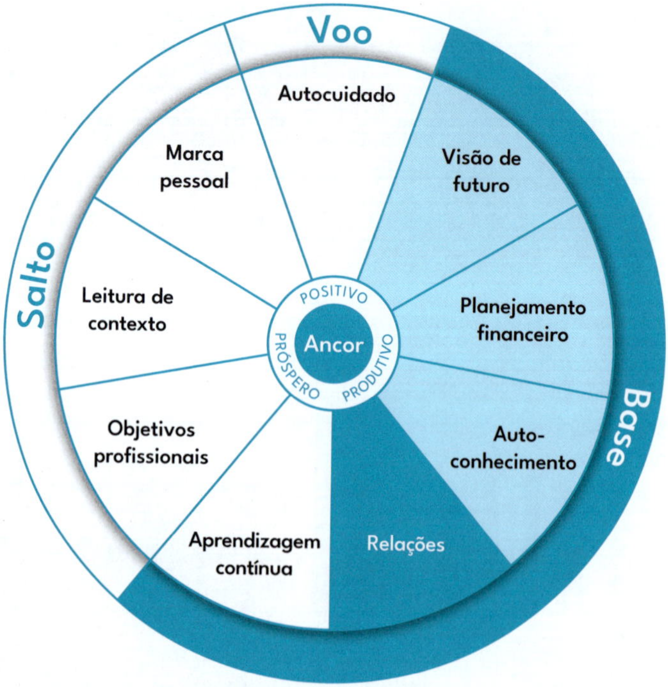

"Eu sei que, quando não estiver mais nesse cargo, muitas das portas que se abrem para mim hoje deixarão de existir. Por isso, dou muita importância para as relações que tenho e faço questão de cultivar amizades verdadeiras."

Ouvimos isso do CEO de uma grande empresa global, quando conversávamos sobre como ele se via dali a alguns anos fora do mundo corporativo. Ele dizia que não tinha uma visão clara do que faria no seu pós-carreira diante das incertezas do futuro. Mas sabia que alguns pilares eram fundamentais para serem cuidados, e esse era um deles.

De fato, não viemos nesse mundo para vivermos isolados. É claro que existe aquela velha máxima de que nascemos e morremos sozinhos, mas a verdade é que, enquanto estamos aqui, vivendo e aproveitando a vida, somos seres primariamente *relacionais.* Uns um pouco mais, outros um pouco menos. Porém, entre um extremo ou outro, a nossa vida acontece enquanto nos relacionamos.

Dentro do universo do coaching, quando um cliente tem um insight e toma a decisão de fazer algo em cima de uma ideia, partimos para perguntas que o ajudem a refletir sobre qual ação gostaria de tomar para o movimento que deseja. Em seguida, exploramos a sua rede de apoio: "E quem poderá apoiar você nisso?". Essa proposta, de trazer o "quem" para dentro da equação, é uma maneira de construir motivação e suporte para que o indivíduo não se perca no meio do caminho. Em outras palavras, estamos trazendo a rede de apoio para o movimento, porque, uma vez que ela existe, as bases para o salto estarão mais firmes. O "quem" é tão importante quanto o "como".

Mas de que adianta tentar construir relacionamentos se eles forem rasos e superficiais? Aqui, entra um ponto: bons relacionamentos possuem como pedra angular a *confiança*. Sem ela, relações se desfazem, pessoas se afastam, e relacionamentos não duram. Perceba, portanto, que boas relações começam a partir da *confiança*, mas depois caminham para um lugar diferente, um lugar de *reciprocidade*. Embora também não existam bons relacionamentos sem confiança, tampouco existem relações duradouras sem que haja uma relação de troca. É preciso enxergar essa construção como algo transacional, não comercial. Não a partir da troca considerando interesses, ou seja, quando você só oferece algo na expectativa de receber algo maior ou melhor em troca, mas, sim, no contexto da reciprocidade *real*, aquela em que existe verdade e autenticidade. Sem isso, a fonte que alimenta os seus relacionamentos estancará.

Costumamos comentar também que relacionamentos são como raízes de uma árvore. No início, elas começam a crescer a partir de uma pequena semente plantada. Mas com cuidado, solo fértil, água suficiente e energia solar, ela crescerá e se transformará em uma planta com flores e até mesmo frutos. Assim como as raízes dessa planta, as relações nos dão estabilidade e nutrição, permitem que possamos alcançar novas alturas e crescer, mas também são elas que nos sustentam lá no futuro, após a carreira executiva, quando esses relacionamentos são essenciais para que tenhamos apoio e força para essa nova fase.

Entretanto, do mesmo modo que é importante cuidar e dar o que é necessário para que essas raízes cresçam, podar as ervas daninhas é indispensável. Precisaremos tirar de nosso círculo social as pessoas que nos tiram a energia ou não nos fazem bem. Enquanto relações positivas abrem caminhos, relações negativas fazem com que esses caminhos sejam tortuosos. Boas relações nos colocam para cima, proporcionam felicidade e bem-estar. Relações ruins nos colocam para baixo, nos trazem tristeza, sensação de insegurança e pouca realização.

Então, se somos como árvores e precisamos cultivar as nossas relações para que elas deem bons frutos, abordar o networking dentro do contexto do pós-carreira é indispensável para que seu novo ciclo seja produtivo, próspero e positivo.

É vital se relacionar

Em um dos estudos mais longos já realizados até hoje, iniciado em 1938, a Universidade de Harvard analisou 724 pessoas, entre homens e mulheres. Apresentado por Robert Waldinger, o quarto diretor a dar andamento à pesquisa, em seu TED chamado *What makes a good life?*, ele conta que algumas das pessoas originalmente entrevistadas durante esse período possuem mais de 90 anos. Ou seja, estamos falando do acompanhamento ao longo de toda uma vida, com o objetivo de identificar o pilar fundamental da *felicidade*, avaliando dados sobre o dia a dia, relacionamentos, trabalho, bem como fazendo a coleta de registros médicos, conversando com esposas, maridos e filhos. Enfim, a conclusão principal, depois de todo esse tempo, é: bons relacionamentos nos mantêm mais felizes e saudáveis.

Somos como árvores e precisamos cultivar as nossas relações para que elas deem bons frutos.

Aqui reside o segredo da felicidade. Contrariando todas as expectativas de que ela só poderia ser alcançada com bens materiais, com o nosso trabalho ou qualquer outro elemento importante da vida, a verdade é que depois de analisarem algumas centenas de pessoas durante anos e anos, os pesquisadores perceberam que o fator principal para ter uma vida realizada e plena é o cultivo de bons relacionamentos. Waldinger completa, explicando alguns aprendizados fundamentais sobre as relações: 1) as conexões sociais – com família, amigos e comunidades – são muito importantes para nós, seres humanos, sermos mais felizes, mais saudáveis e vivermos mais, e a solidão nos faz muito mal; 2) o número de amigos que você tem ou se você está ou não em um relacionamento sério não são fatores que definem os bons relacionamentos, e sim a qualidade das relações que você tem; e 3) vínculos positivos não protegem apenas o nosso corpo, mas também o nosso cérebro, ou seja, teremos mais saúde mental ao cultivar boas conexões.[1]

Esse assunto tem sido exaustivamente estudado pelos mais renomados autores, pesquisadores, cientistas e entusiastas do assunto.

1 WALDINGER, R. What makes a good life? Lessons from the longest study on happiness. *TEDxBeaconStreet*, nov. 2015. Disponível em: https://www.ted.com/talks/robert_waldinger_what_makes_a_good_life_lessons_from_the_longest_study_on_happiness? Acesso em: 30 ago. 2024.

A verdade é que depois de analisarem algumas centenas de pessoas durante anos e anos, os pesquisadores perceberam que o fator principal para ter uma vida realizada e plena **é o cultivo de bons relacionamentos.**

Bill Burnett, em seu livro *Designing your work life*, comenta que nós, seres humanos, temos três necessidades inatas: a primeira delas, *autonomia*, fala sobre o nosso desejo de ter controle sobre nossas ações e decisões, com liberdade para escolher o que e como faremos o que precisamos; a segunda delas, *competência*, diz respeito a sentirmos que somos eficazes em nossas atividades e reconhecidos pelo que fazemos; por fim, a terceira delas, *relacionamentos*, vai ao encontro de tudo o que falamos até aqui, abordando que precisamos nos conectar e construir laços significativos para sentir que pertencemos a uma comunidade que nos apoia e nos valoriza.[2]

Adam Grant, autor do livro *Dar e receber*, apresenta a teoria de que existem diferentes dinâmicas de relacionamentos a partir do modo como interagimos com outras pessoas. E apesar de fazer essa análise para entender primariamente o que leva uma pessoa ao sucesso pessoal e profissional, os três perfis que ele identifica funcionam bem para o nosso contexto do pós-carreira. Para ele, existem os doadores, os tomadores e os equilibradores.[3]

Os *doadores* são os que dedicam a própria vida a ajudar o próximo sem jamais esperar nada em troca. Estão preocupados em como conseguem contribuir para o bem-estar e o sucesso de outros indivíduos, oferecendo conhecimento, tempo e recursos. São generosos, não se preocupam em tirar vantagem. Querem, por outro lado, criar *valor*.

Os *tomadores*, em compensação, estão extremamente preocupados em maximizar os ganhos de suas relações. Ao se relacionarem, preocupam-se com o que podem obter do próximo, seja a partir de benefícios

2 BURNETT, B.; EVANS, D. *Designing your work life*: how to thrive and change and find happiness at work. Reino Unido: Penguin Random House, 2020.

3 GRANT, D. *Dar e receber*: uma abordagem revolucionária sobre sucesso, generosidade e influência. Rio de Janeiro: Sextante, 2014.

materiais ou não. Veem o mundo como uma eterna competição e os seus benefícios em uma relação são mais importantes do que a parte em que oferecem algo em troca.

Por último, os *equilibradores* estão no meio-termo entre os perfis anteriores. Buscam encontrar o ponto justo entre dar e receber. Oferecem ajuda, possuem expectativas, mas ficam bem quando essas expectativas não são atendidas. Os equilibradores sabem que não podem se doar em excesso, mas também entendem que precisam se esforçar para manter a confiança e a relação de troca genuína para que possam ter boas relações.

Perceba que, independentemente da dinâmica com a qual nos identificamos mais, o fato é que está sob o nosso controle o modo como interagimos com outras pessoas e o que esperamos dessa relação. No entanto, seria injusto desconsiderar que existem perfis comportamentais diferentes e que cada um deles apresenta maneiras diferentes de criar e manter relacionamentos. Assim, conectando ao que você viu no capítulo 5, sobre autoconhecimento, sabemos que os perfis comportamentais de cada um, bem como determinados talentos, propiciam ou não o desenvolvimento natural para habilidades de relacionamento interpessoal. Muito embora algumas pessoas inadvertidamente negligenciem o valor das relações, outras realmente não se sentem à vontade a respeito desse tema quando tratado de modo intencional como estamos propondo. Mas, batemos sempre nessa mesma tecla: ser intencional nas relações e na vida não tira a autenticidade quando você realmente está aberto, disponível, interessado em ajudar, aprender e se relacionar com outras pessoas, do seu jeito.

Finalmente, ainda em relação aos estudos do funcionamento de bons relacionamentos, o antropólogo britânico Robin Dunbar fez uma pesquisa no fim do século XX e descobriu que o tamanho do nosso neocórtex, responsável pela linguagem e cognição, determina o tamanho da quantidade de conexões que conseguimos sustentar, chegando sempre a um número muito perto de 150 pessoas. Segundo ele, ao passarmos muito desse "número mágico", provavelmente teremos relações mais frágeis e que não perdurarão.[4]

Ser intencional nas relações e na vida não tira a autenticidade quando você realmente está aberto, disponível, interessado em ajudar, aprender e se relacionar com outras pessoas, do seu jeito.

Apesar de vivermos em um mundo hiperconectado, considerar essa análise da quantidade de pessoas em nosso círculo social é importante para o pós-carreira à medida que queremos que você reflita sobre os seus próximos passos e como essas pessoas determinarão também o sucesso dessa nova fase. Ou então, como essas relações serão fundamentais para o seu bem-estar. No final do período que chamamos de pós-carreira, quando a aposentadoria finalmente chegar, essas relações serão a sua base de bem-estar, tempo de qualidade, divisão de interesses e boas memórias.

4 TEORIA de Dunbar: somos mesmo incapazes de ter mais de 150 amigos? *G1*, 25 nov. 2020. Disponível em: https://g1.globo.com/ciencia-e-saude/noticia/2020/11/25/teoria-de-dunbar-somos-mesmo-incapazes-de-ter-mais-de-150-amigos.ghtml. Acesso em: 30 ago. 2024.

Em um estudo conduzido pela Lehigh@NasdaqCenter, 450 profissionais de várias ocupações foram entrevistados com o objetivo de identificar os fatores decisivos para o desenvolvimento de habilidades de networking. Ali, os pesquisadores descobriram que, independentemente da idade, gênero, estágio da carreira ou nível de extroversão ou introversão, essas habilidades podem ser desenvolvidas para acelerar a carreira. Este estudo identificou cinco fatores que podem aumentar a propensão dos introvertidos de se expor e fazer networking – e, obviamente, de qualquer outra pessoa também. Um deles é a flexibilidade cognitiva, isto é, a capacidade de adaptar o seu pensamento rapidamente em resposta a situações de mudança. Outro é o foco nos resultados positivos, combatendo a tendência de focar apenas a prevenção dos erros e resultados negativos. Autoconfiança também aparece como um fator que contribui para a construção de relacionamentos, pois ao acreditar que pode fazer networking, é mais provável que a pessoa consiga atingir esse objetivo. Persistência e foco no que você quer para seu futuro (olha a visão de futuro aí!) complementam essa lista.[5]

Kimberli Jeter, colega de escola da Flavia e fundadora da consultoria norte-americana River Wolf Group, é uma introvertida nata e desenvolveu um framework chamado *Networking Wheel* (ou Roda do Networking) para ajudar as pessoas a terem ferramentas e um passo a passo para estabelecer relações mais genuínas.[6] Segundo

---

5 DAS, W.; DEWALT, S. 5 networking tips for introverts (and anyone else). *Harvard Business Review*, 17 abr. 2024. Disponível em: https://hbr.org/2024/04/5-networking-tips-for-introverts-and-anyone-else. Acesso em: 30 ago. 2024.

6 JETER, K. Introducing the networking wheel: a tool to build a network you LOVE. *ATD Blog*, 12 ago. 2024. Disponível em: https://www.td.org/content/atd-blog/introducing-the-networking-wheel-a-tool-to-build-a-networkyou-love. Acesso em: 26 set. 2024.

ela, precisamos cuidar de alguns aspectos importantes para um networking de valor, como reconexão, estratégia, gratidão e muito mais. Veja a imagem a seguir.

Note que estamos tentando abarcar todas as possibilidades que envolvem os relacionamentos com um objetivo único: mostrar quão importante é esse pilar na preparação para o pós-carreira, e a partir disso, encontrar os caminhos possíveis para cultivar relações poderosas e duradouras, que trarão oportunidades para você no futuro. Pessoas com as quais você poderá contar e as que farão com que você tenha ainda mais realizações nessa nova fase e nas próximas.

A RECEITA DO QUE NÃO FAZER

— Maristela Gorayb —

Neste capítulo, quero compartilhar algumas histórias. Entre as pessoas que entrevistei e os clientes que atendi, alguns me marcaram ao trazer questões bem importantes sobre o tema relações interpessoais e como isso impactou suas transições para o pós-carreira.

O primeiro deles me marcou quando contou que se arrependia amargamente de não ter aproveitado mais as oportunidades que tinha tido dentro da sua carreira executiva, de fazer novas conexões. Era um líder regional, estava à frente de um grande time Latam, porém sempre delegava a tarefa de ir a eventos, falar com pessoas e ter relações profissionais com maior profundidade. Comentou sobre quantos congressos, eventos do mercado e outras ocasiões sociais tinha deixado de ir, apesar de estar em uma posição privilegiada para isso, por pura e simples falta de consciência da importância dos relacionamentos. Dizia que não tinha paciência para isso. Hoje, ele reconhece o quanto teria sido mais fácil se reconectar com pessoas para expandir possibilidades para o seu pós-carreira do que estava sendo criar novas conexões nesse sentido, agora sem aquele fabuloso crachá.

Outro cliente, que acompanhei em todo o seu processo de preparação, explicou para mim, enquanto conversávamos sobre o que ele sentia ser importante para o seu pós-carreira, que as duas coisas que queria evitar nesta nova fase eram "emburrecer e ficar isolado". Fiz questão de colocar aqui exatamente as expressões que ele utilizou porque refletem muito sobre quem ele é e a mensagem que quero passar. Este cliente é um *lifelong learner,* assunto sobre o qual falaremos no Capítulo 7, ou seja, é uma pessoa de alta potência e influência, mas ainda assim tem como maiores propósitos do pós-carreira manter-se conectado a pessoas, porque sabe da importância dos relacionamentos interpessoais para a sua felicidade e para o que está construindo. Ao contrário do caso anterior, cultivou relacionamentos ao longo de sua carreira de maneira muito natural, ajudando pessoas, participando de diferentes atividades que o colocavam diante de novas amizades, tanto no campo profissional quanto pessoal, e se fazendo presente de alguma forma na vida dessas pessoas.

Em outro momento, conversando com um alto executivo que também já está pensando em seus próximos passos, ouvi que todas as suas relações eram separadas: o que está no trabalho, fica no trabalho. O que está na vida pessoal, fica na vida pessoal. Ou seja, os seus clientes e colegas de trabalho jamais estavam dentro do seu convívio social. Porém, essa fala veio de um lugar de dor, porque sentia o peso de não ter feito construções de amizade mais profundas e com interesses em comum que ele poderia levar para o seu pós-carreira. Comentou que sentia que, quando saísse do mercado, suas conexões profissionais não seriam fortes o suficiente por terem sido construídas pelo seu crachá e sobrenome corporativo, e não por ele mesmo.

Veja que está tudo bem separar vida pessoal e profissional, mas as relações, dentro ou fora do ambiente de trabalho, precisam ter laços mais profundos para que façam sentido no pós-carreira e adiante.

Construir relações com interesses em comum é um ótimo caminho para aplicar o que estamos falando aqui. Você pode fazer isso se conectando a comunidades, assim como eu. Uma das coisas que faço é participar do grupo de mulheres motociclistas *Ladies of the Road*. Você, então, pode encontrar essas conexões no clube, dentro da quadra de tênis, praticando um esporte, em uma religião específica, em um trabalho voluntário, em um círculo de amigos que gosta de jogar poker ou qualquer outro hobby. Tanto faz. O que importa é encontrar o seu caminho para construir essas relações. Lembre-se de que elas serão a sua rede de apoio. Isso fará muito bem a você e, no pós-carreira, poderá ser um fator determinante para viabilizar seus projetos futuros.

CRIANDO REDES DO BEM

— Flavia Perez —

Minha natureza extrovertida sempre me proporcionou facilidade em me comunicar, criar, cultivar bons relacionamentos e conectar pessoas do bem. Construir relações é, para mim, algo que acontece no um a um, mas também que gera um efeito cascata que exponencializa e constrói uma rede poderosa. Uma vez que você conhece alguém, conecta-se genuinamente, gera confiança e apresenta essas pessoas umas para as outras com a intenção de fortalecer ainda mais essa rede, você está contribuindo para que diversas outras relações se estabeleçam.

Na minha adolescência, quando morei em Montevidéu, conheci a Kimberli Jeter, uma colega da Uruguayan American School, escola americana na qual ambas estudávamos. Mesmo sem nos vermos há anos e morando em países diferentes – eu, no Brasil, e ela, nos Estados Unidos –, cultivamos uma relação muito boa. Como explicamos anteriormente, Kimberli é naturalmente introvertida, mas tem como missão de vida "trazer o poder transformador do networking embasado no amor, curiosidade, generosidade e gratidão para mais de 100 mil de pessoas", o que fez com que ela, mais recentemente, escrevesse um capítulo sobre o assunto no livro chamado *ATD's handbook for consultants* (Manual para consultores da Associação para o Desenvolvimento de Talentos), no qual menciona a minha jornada de cultivo de relacionamentos como case e ponto de apoio para o meu pós-carreira.

Quando fiz um post no LinkedIn sobre o assunto, recebi alguns comentários que reforçaram que minha forma de fazer networking trazia impacto positivo para mim e para os outros: "Você é realmente a minha referência sobre como criar e nutrir uma rede de relacionamentos. Durante toda a vida tive a sorte de te ver exercitando tudo isso bem na minha frente e sempre foi muito claro que era sobre generosidade, curiosidade genuína e criação de pontes. Estava ontem mesmo falando com uma amiga sobre como tudo isso é muito natural em você. Toda vez que a gente conversa eu saio no final com o nome de alguém que você entende que faz sentido me colocar em contato. Acho isso incrível". Recebi esse comentário específico de uma querida amiga da época de escola no Rio de Janeiro, a Thais, com quem faço pontes significativas sempre que posso.

Essas histórias são para ilustrar que você pode cultivar os seus relacionamentos estando perto ou longe – fisicamente. Pode fazer isso por meio de redes sociais, um café presencial ou virtual, uma mensagem em um sábado de manhã perguntando sobre como a pessoa está ou até mesmo falando sobre um jogo de futebol feminino, assim como eu e Kimberli conversamos durante as Olimpíadas de Paris 2024, relembrando os tempos em que ela, americana, era artilheira, e eu, brasileira, a perna de pau! É um fato que gera uma memória e faz você lembrar-se de alguém de modo especial. Uma excelente oportunidade de (re)conexão.

Até hoje tenho amigos da minha época como executiva com os quais sei que posso contar e pedir ajuda se necessário. E eles sabem que podem contar comigo também. Networking é construído a partir da reputação e da confiança que as pessoas têm em você. Cuide disso. E cuide das pessoas. Se importe com elas. Genuinamente escute o que elas têm a dizer quando você perguntar: "Como você está?". Isso exige dedicação e investimento de tempo. Não economize. Cultive suas relações, cada uma de uma forma e do seu jeito. O que você investir aqui trará retorno ao longo de toda a sua vida.

Um dos maiores arrependimentos das pessoas ao chegarem nos anos futuros da vida adulta diz respeito às relações.

A autora australiana Bronnie Ware acompanhou pacientes terminais por muitos anos e decidiu fazer um compilado com os seus maiores arrependimentos antes de morrer. Nessa altura do campeonato, talvez não seja surpresa para você, mas os relacionamentos estão elencados: "Gostaria de ter mantido contato com meus amigos".[7] Esse é um dos cinco maiores arrependimentos. Aqui, tomamos a liberdade de estender o contato com amigos para todos os âmbitos e relacionamentos sobre os quais falamos, salientando a importância de cuidar de verdade de quem está ao nosso lado, em todos os momentos, independentemente do que esteja acontecendo e do que estejamos passando.

Nós duas, inclusive, temos uma história na qual nos conhecemos em um curso e depois decidimos trabalhar juntas, assim como você já sabe. Hoje, somos amigas e sócias, parceiras e confidentes. Temos uma relação tão boa e poderosa que decidimos dividir a jornada desafiadora de escrever um livro sobre pós-carreira porque percebemos a importância do tema e sabíamos que precisávamos aplicar a nossa missão ao ajudar mais pessoas a se prepararem para esse momento tão importante em tempos modernos e de longevidade.

Então, se ao ler tudo isso sobre a importância de dedicar tempo às suas relações você tenha ficado com a sensação de desespero por achar que não o fez, **saiba que recuperar o tempo perdido não é fácil, mas é possível. Assim como é possível resgatar relacionamentos que esfriaram. E sempre que tiver a oportunidade de nutrir suas conexões, faça. Seja com naturalidade ou até com um certo esforço no começo, mas faça. A cada nova tentativa, ficará mais natural e leve para você.**

Convide para um café, relembre velhos tempos, proporcione conexões positivas, receba dicas, responda mensagens, se interesse pelo que o outro faz, exercite a escuta ativa, convide para um passeio ou para um almoço casual. Esteja presente. Não precisa ser diariamente,

7 WARE, B. *Antes de partir*: os 5 principais arrependimentos que as pessoas têm antes de morrer. São Paulo: Geração Editorial, 2017.

mas com a frequência que for necessária para nutrir essas relações que são importantes. E, acima de tudo, seja generoso. Relacionamentos generosos são aqueles em que ambas as partes ganham na troca, mesmo sem jamais pedir nada em retorno. Isso é tão bonito! Ofereça, peça e aceite ajuda. Essa atitude significa que você estará disponível, cuidando do seu jardim e nutrindo as raízes das plantas.

Lembre-se de que bons relacionamentos demandam interesse genuíno e não são feitos a partir de quantidade, mas, sim, de qualidade e profundidade. Ao criar e nutrir esse ambiente de troca e reciprocidade, você encontrará, sempre que precisar, apoio, segurança e, quem sabe, até recursos, além de um bem-estar essencial em todas as fases da vida.

Insight & ação

- Quão aberto você é para conhecer pessoas novas?
- Como você cultiva as suas relações?
- Como distancia da sua vida as pessoas que drenam a sua energia?
- Como ativa o poder das conexões em sua rede de relacionamentos?
- Quem apoia você nas decisões que toma?
- Que tal fazer uma lista de pessoas com as quais você pode se reconectar e marcar um bate-papo para colocar a conversa em dia?

7

SEMPRE APRENDA E DESAFIE-SE

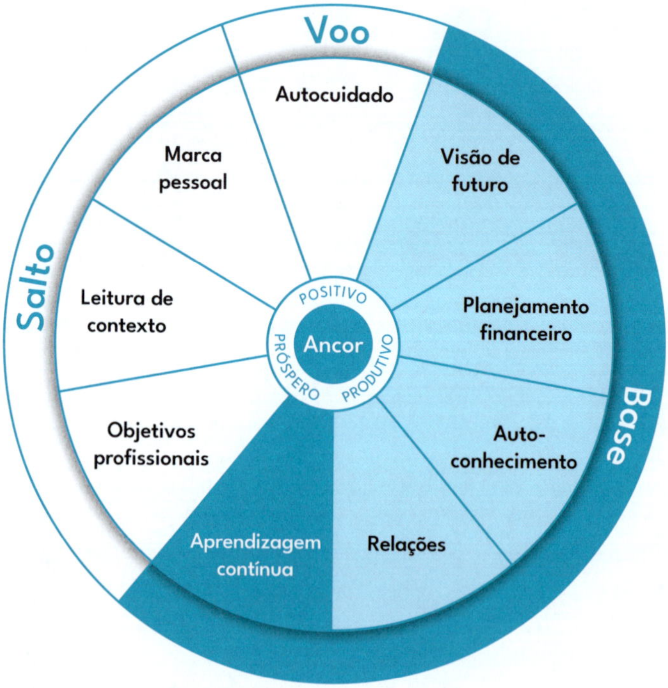

Qual foi a última vez que você fez algo pela primeira vez? O pilar do aprendizado e do desafio a si mesmo, no contexto do pós-carreira, é importante para que você saiba entrar neste novo momento preparado para construir algo novo em sua vida. E mesmo que decida continuar fazendo a mesma coisa, o ambiente será outro e os recursos que você dispunha não serão os mesmos.

Quantas vezes nos esquecemos da importância de aprender coisas novas? O pós-carreira é uma fase em que queremos que você se sinta confortável, participando de novos ambientes, com novas perspectivas, em um lugar no qual a mudança não representa algo ruim, mas algo gostoso de ser construído. Se você realmente chegou até aqui nesta leitura porque busca se preparar para um pós-carreira produtivo, próspero e positivo, saiba que ele dependerá bastante da sua disponibilidade e abertura em aprender. Para isso, **é importante desafiar-se a aprender sempre, habilidade esta que beneficiará tanto a sua carreira atual quanto o seu processo de preparação para o pós-carreira.**

Bill Gates, empresário e fundador de uma das empresas mais valiosas do mundo, a Microsoft, percebeu em determinado momento que precisava estabelecer uma maneira de eliminar as distrações e favorecer o aprendizado. Foi assim que, em meados dos anos 1990, ele decidiu se isolar em um lugar secreto, por uma semana, completamente sozinho, para fazer o que ele chama de *Think Week*, ou semana do pensamento, que nada mais é do que um momento em que fica recluso para ler, aprender e refletir sobre os assuntos mais variados. Em seu documentário, *O código Bill Gates*, disponível na Netflix, ele conta sobre esse processo, sobre a escolha dos temas que estudará, os livros que lerá e como fará isso. Na *Think Week,* viaja pelo Hood Canal, em Washington, até chegar em sua cabana e ali passa sete dias estudando, aprendendo e buscando maneiras de encontrar respostas para entender o futuro. Enxerga o seu próprio cérebro como um CPU, parte de um computador necessária para que funcione e processe os dados, e diz que, muitas vezes, para chegarmos a respostas para nossas questões, precisamos apenas *pensar*.[1]

Perceba que aprender, pensar, buscar soluções para os problemas, entender o novo e estar em constante aprendizado é algo fundamental independentemente da fase profissional, estrutura social, idade, gênero ou qualquer outro tipo de segmentação populacional. Bill Gates, uma

1 *O CÓDIGO BILL GATES*. Direção: Davis Guggenheim. Produção: Beth Osisek. Estados Unidos: Netflix, 2019. 3 episódios. Documentário.

das pessoas mais inteligentes do último século, separa tempo para *pensar* e *aprender*. Por que não faríamos o mesmo?

Adam Grant, escritor norte-americano, professor da Wharton School e autor best-seller, diz: "Quanto mais capaz você é, mais difícil é enxergar as próprias limitações. Ser bom em pensar pode nos tornar ruins em repensar",[2] e é por isso que este capítulo faz um convite a assumirmos que não sabemos tudo e ainda há espaço para o aprendizado. Aprender é um exercício de humildade para qualquer fase da vida, especialmente, para a preparação do pós-carreira. Ele completa:

> **Costumamos nos orgulhar do nosso conhecimento e nossas habilidades, de nossa fidelidade a crenças e opiniões. Isso faz sentido em um ambiente estável, em que somos recompensados por ter convicção em nossas ideias. O problema é que, em um mundo que muda muito rápido, precisamos pensar e repensar na mesma medida.**
>
> **Repensar é uma habilidade, mas também uma mentalidade. Muitas das ferramentas mentais de que precisamos nós já temos, só precisamos nos lembrar de pegá-las lá no fundo do armário e tirar a ferrugem.[3]**

É inegável que, em sua jornada do pós-carreira, você precisará buscar conhecimento em áreas que não sabe, aprofundar-se no que já sabe e até mesmo reaprender o que aprendeu há muito tempo, ou

2 GRANT, A. *Pense de novo*: o poder de saber o que você não sabe. Rio de Janeiro: Sextante, 2021.

3 Ibidem.

porque não se lembra mais, ou porque tudo mudou. Por exemplo, se você é um executivo de uma área e decide seguir o pós-carreira em outra área adjacente, precisará buscar conhecimento sobre esse novo universo para que esteja preparado. E o aprendizado vai além disso. Aprender diz respeito também a buscar áreas diferentes que não fazem parte do seu trabalho para que você possa estar constantemente exercitando o seu cérebro, que mesmo não sendo um músculo funciona como um e precisa ser estimulado. Quanto mais você busca conhecimento, mais está desenvolvendo essa "musculatura do aprendizado". Quanto mais parado ficar, fazendo sempre mais do mesmo, mais difícil será sair da inércia e aprender algo novo. Por isso é tão importante o exercício do aprendizado contínuo ou *lifelong learning* ao longo da vida.

Conrado Schlochauer, empreendedor e autor do best-seller *Lifelong learners – o poder do aprendizado contínuo*, afirma: **"Para o aprendizado ocorrer ao longo da vida de maneira integrada à rotina de qualquer um, precisamos recolocá-lo em um ambiente de descoberta e prazer".** De que forma o aprender é fonte de prazer para você?

Pense em suas áreas de interesse, sejam elas relacionadas ao seu pós-carreira ou não. Marcos Eduardo Ferreira, que assina o prefácio deste livro, era CEO da Latam SUR na Mapfre. Ele deu o seu salto para o pós-carreira e uma das primeiras coisas que fez foi o curso de formação executiva no mercado de longevidade da Fundação Getulio Vargas em São Paulo. Hoje, é entusiasta desse tema e da economia prateada, que nada

Quanto mais você busca conhecimento, mais está desenvolvendo essa "musculatura do aprendizado". Quanto mais parado ficar, fazendo sempre mais do mesmo, mais difícil será sair da inércia e aprender algo novo.

mais é do que a economia da longevidade. Mesmo com uma carreira brilhante, decidiu se sentar no "banco da escola" para se aprofundar em um tema que faria todo o sentido para o seu propósito no pós-carreira. Já nesta fase, Marcos cofundou o projeto Homens de Prata – que nasceu com o propósito de conectar homens da geração prateada, auxiliando na transição para a maturidade – e a Silver Hub, a primeira aceleradora de start-up focada no mercado da longevidade, além de participar de conselhos de algumas instituições. Tudo conectado!

Outro exemplo inspirador para nós é Sólon Cunha, advogado trabalhista renomado, que jamais parou de estudar. Seu salto para o pós-carreira aconteceu poucos meses antes do lançamento deste livro e foi muito bem preparado, passando por todos os pilares aqui apresentados. Mas queremos destacar o modo espontâneo como Sólon sempre se desafia a aprender coisas novas. Uma dessas iniciativas foi a formação no Programa de Desenvolvimento de Conselheiros da Fundação Dom Cabral. E não se limita apenas às áreas conectadas ao universo corporativo. É um amante de vinhos, por isso foi praticar o exercício do aprendizado em uma formação em Sommelier Profissional pela Associação Brasileira de Sommeliers (ABS/SP), além de, recentemente, ter iniciado uma pós-graduação em uvas viníferas. Isso mesmo, esse profissional competente e detentor de uma carreira incrível, além de ser também professor, sempre fez questão de estar no lugar de aprendiz e conectado a pessoas.

Aprender é desafiar-se, é colocar a si mesmo nessa etapa de consciência de que, por mais que saibamos muito, podemos aprender mais sobre o nosso trabalho, sobre os nossos interesses, sobre o que fazemos, sobre assuntos diferentes, novos ou tudo o que tivermos vontade. **Desafiar-se e aprender é decidir fazer, de tempos em tempos, algo novo pela primeira vez.** É explorar o que não se sabe, desafiar-se a viver o diferente. E você pode fazer isso por necessidade ou demanda, estrategicamente para alcançar um objetivo ou simplesmente por prazer. E você? Por qual razão tem se desafiado a aprender?

Sobre zonas de aprendizagem, perfis e métodos

Desenhado inicialmente por Lev Vygotsky,[4] psicólogo e pensador, o *Learning Zone Model*, ou modelo da zona de aprendizagem, foi amplamente estudado, transformado e aprimorado ao longo dos anos. O seu objetivo, contudo, permanece o mesmo: entender e descrever as zonas – áreas – em que uma pessoa pode se encontrar para aprender algo novo. Partindo dessa premissa, existem três áreas fundamentais: zona de pânico, zona de aprendizagem e zona de conforto.

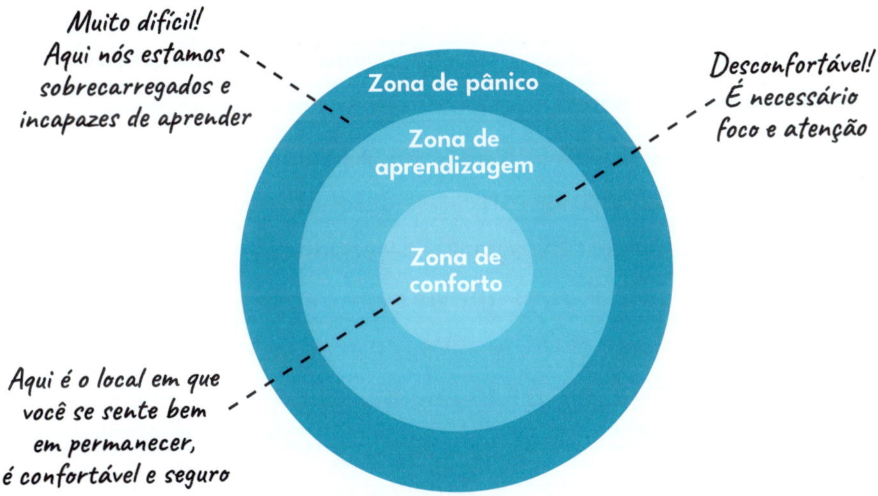

4 THE learning zone model. *MindTools*, [s.d.]. Disponível em: https://www.mindtools.com/a0bop9z/the-learning-zone-model. Acesso em: 25 ago. 2024.

A zona de conforto, o primeiro estágio, é aquele em que muitos se encontram. Se você está em um emprego seguro, sem pensar no pós-carreira, sem buscar novos aprendizados, você também está nessa zona. É nesse contexto que você se sente à vontade e seguro, realiza atividades que domina, sentindo pouco ou nenhum desconforto. Não existe exposição ou desafio, as experiências novas não são bem-vindas. Aqui é importante cuidar para que a permanência muito prolongada nessa situação não leve você à estagnação.

Se por um lado temos a zona de conforto, ao nos colocarmos em desafios maiores do que conseguimos aguentar entramos na *zona de pânico*. Este é o lugar em que você se sente sobrecarregado, frustrado com o estresse e ansiedade que a atividade gera. Muitas vezes, por ser muito difícil e complexa, uma tarefa nova pode ser tão intensa que gerará bloqueio e pânico. Ou seja, temos aqui o medo, a ansiedade ou até mesmo a paralisação. Essa é uma zona que queremos evitar.

Por fim, se a zona de conforto não promove o desenvolvimento contínuo e a zona de pânico pode até estimular a paralisação, precisamos encontrar um ponto no meio do caminho, a *zona de aprendizagem*. Ela é a ideal para o crescimento. Nesse estágio você enfrentará os desafios com um pouco de estresse e desconforto, mas muitas vezes são sentimentos necessários para o desenvolvimento e crescimento. E o mais importante: **é aqui que abrimos espaço para aprender coisas novas, como habilidades, conceitos e experiências. A zona de aprendizagem é a ideal para que você se desenvolva.**

Depois, ainda avaliando as maneiras de aprender, é preciso conectar este pilar ao autoconhecimento à medida que entendemos que somos únicos e também por esse motivo temos maneiras diferentes de aprender. Isso significa que não existe método eficaz para todos, mas o que funciona para cada um. Enquanto alguns se destacam em ambientes tradicionais de ensino, como cursos presenciais e on-line, outros podem ser autodidatas e absorver o máximo de conteúdo a partir de livros ou podcasts. Ainda há aqueles que aprendem melhor a partir da prática, e não da teoria.

A informação e o conhecimento estão cada vez mais acessíveis. Em seu dia a dia, você pode aprender de diferentes maneiras, com palestras, lives, podcasts, workshops, discussões em grupo, comunidades, mentorias, cursos, vídeos ou qualquer outro método e plataforma que faça sentido para você. O mais importante é: encontre a melhor maneira de se desafiar e entrar em sua zona de aprendizagem. Assim como vimos antes, o ambiente externo é um ambiente de mudança, bem como nós, indivíduos, que mudamos ao longo da nossa vida. A partir das nossas relações, a partir do que aprendemos, a partir do que ouvimos e vivemos. Então, o aprendizado não se limita à busca pelo conhecimento teórico. Aprendemos muito a partir de nossas relações, do convívio com as pessoas e de experiências em geral.

Gabriel Costa, ex-sócio da RD Station e cofundador e CEO da Growth Leaders Academy (GLA), em um artigo de muito valor e profundidade disponível no LinkedIn e chamado "Hackeando o processo de aprendizagem: como aprender mais e melhor num mundo cheio de pressa e distrações", fala sobre os desafios da aprendizagem e sobre como ele enxerga ser possível hackear o nosso cérebro. Gabriel discorre sobre o paradoxo em que vivemos: embora o nosso acesso ao conhecimento seja democratizado – disponível dos mais variados modos e nas mais variadas plataformas, em formato grátis ou pago –, enfrentamos o desafio das distrações.[5]

Ele menciona também os seis desafios principais dos tempos modernos: 1) o modelo educacional, que não nos ensina a aprender

5 COSTA, G. Hackeando o processo de aprendizagem: como aprender mais e melhor num mundo cheio de pressa e distrações. *LinkedIn*, 27 jan. 2020. Disponível em: https://www.linkedin.com/pulse/hackeando-o-processo-de-aprendizagem-como-aprender-mais-gabriel-costa/. Acesso em: 26 ago. 2024.

adequadamente; 2) o esquecimento rápido que toma conta do nosso cérebro; 3) a maneira diferente como adultos aprendem; 4) as informações e distrações que estão ao nosso redor e dificultam o aprendizado; 5) o vale da morte, que é a falta de progresso levando à desistência enquanto tentamos aprender algo novo; e 6) a ansiedade que temos em aprender tudo sem nos dar tempo para viver o processo.

Como você tem se desafiado a aprender? Se não tiver uma resposta neste momento, considere experimentar algo novo!

EXPANDINDO A ZONA DE CONFORTO

— Flavia Perez —

Existem duas crenças que limitam a transformação. A primeira é achar que sabemos tudo. A segunda é acreditar que não conseguimos mais aprender algo novo. Minha crença sempre foi: se tem algo novo para aprender e, assim, evoluir, é para lá que eu vou.

Essa percepção sempre foi um norteador da minha carreira. Trabalhei em diferentes áreas, diferentes mercados, com diferentes culturas organizacionais, pois este constante movimento me desafiava. A partir do momento em que estava em uma zona de conforto, sentia um incômodo que estava relacionado a parar de evoluir, a parar de aprender. É como se estivesse em uma daquelas gaiolas mencionadas na página 40, confortável, limpa, com comida boa disponível, com água fresca, em um ambiente agradável, em que todos os dias vinha alguém me ouvir cantar. Mas ficar ali limitava o meu voo! Obviamente, era incerto o que encontraria fora dela, mas ao evitar o desconhecido, eu me privava do que poderia ser melhor e da possibilidade da evolução. E isso não podia admitir, pois iria contra os meus valores.

Sempre tive prazer em estudar, mesmo que não houvesse aplicação imediata. Sou a famosa "louca dos cursos e livros". Acredito que a criatividade para buscar soluções para os desafios que enfrentamos vem das conexões de ideias que conseguimos fazer a partir de uma amplitude de repertório. Por isso, para mim, ter repertório sempre foi a chave para o meu desenvolvimento.

Foi importante considerar, na escolha da atividade profissional que hoje exerço no pós-carreira, algo que me permitisse usar a meu favor esse gosto pelos estudos que tenho desde criança. Como consultora de carreira, preciso estar muito antenada e conectar não apenas o meu conhecimento e experiência profissional e de vida para apoiar os meus clientes com seus desafios, mas continuamente estudar, me atualizar, mantendo a mente aberta para o novo. Ainda bem que, ao longo da minha vida, sempre desenvolvi essa musculatura mental, e é isso o que convido você a fazer.

É preciso revisitar ideias como "é tarde demais para mim", "não consigo mais aprender", "não há tempo para aprender", "não tenho mais idade para o novo". Aos 48 anos, decidi aprender o kitesurfing. Hoje me dedico a evoluir neste esporte pelo qual me apaixonei, da mesma forma que fiz com o esqui aos 23 anos. E sei que vou conseguir!

Provoco você a se colocar um desafio e se preparar para ele completando as frases a seguir:

Eu sou... ________________________________

(Insira aqui algo que aprendeu em seu processo de autoconhecimento e que responde a pergunta "quem sou eu?".)

Eu posso... ________________________________

(Complete aqui destacando a sua capacidade e fortaleza que dá suporte ao que você quer realizar.)

Eu quero... ________________________________

(Inclua aqui a visão de futuro, o desejo, algo que está se desafiando a aprender ou realizar.)

Eu vou... ________________________________

(Escolha o que fará para chegar aonde quer.)

Ficarei feliz se você puder me contar depois como foi "expandir sua zona de conforto"!

EVITE O SEDENTARISMO INTELECTUAL

— Maristela Gorayb —

Gosto mais de aprender do que estudar. Aliás, diferentemente da minha querida amiga Flavia, estudar não está entre as minhas atividades preferidas. No entanto, para mim, não cuidar dessa musculatura do aprendizado faz tão mal quanto o sedentarismo. Pensando assim, fiz três pós-graduações e, sem dúvida, o meu maior desafio foi estudar sozinha diariamente por quatro meses para conquistar a certificação de planejadora financeira.

Lembro-me das muitas vezes em que me senti frustrada ou descontente, acreditando que precisava persistir e que ainda não era o momento para mudanças. Nessas ocasiões, encontrei nos estudos uma maneira de desviar o foco do que me incomodava e direcioná-lo para um novo aprendizado, uma nova perspectiva. Foi com esse sentimento que, em momentos diferentes, eu tirei a certificação CFP® e, anos depois, a certificação de coaching. Eu estava em momentos diferentes da minha carreira executiva, em que me sentia ameaçada, como se toda a minha competência e todos os resultados que eu havia produzido, até então, de nada serviam. Já se sentiu assim alguma vez? Como nunca fui intempestiva, optando por não tomar nenhuma decisão precipitada e colocar em jogo toda a minha construção de carreira, me desafiei e fui estudar. O resultado foi maravilhoso, porque aquelas certificações abriram muitas portas para mim, ergueram minha autoestima e me deram perspectivas muito viáveis para meu pós-carreira.

Hoje, como consultora, sou desafiada o tempo todo a estar atualizada e conectada com as principais tendências do mercado de trabalho, além de precisar sempre buscar conhecimentos sobre novas ferramentas e metodologias para apoiar nossos clientes. Sem contar o que está relacionado ao meu principal hobby. Piloto motos de alta cilindrada há mais de 15 anos e já fiz 3 cursos de moto-habilidade para pilotar a minha Harley-Davidson, mas, sinceramente, acho que não foram suficientes ainda.

Assim como fazer atividades físicas, algo que todos nós precisamos e é possível fazer de diferentes maneiras, encontrei o meu jeito e as minhas motivações para aprender e evitar o que chamo de sedentarismo intelectual. E você, tem se desafiado a sair desse sedentarismo ou já é considerado um atleta do aprendizado?

Refletir sobre motivações e razões para desafiar-se a aprender ou estudar é um processo profundo e pessoal. Ao fazer perguntas a si mesmo, descobrir o seu estilo de aprendizado e explorar diferentes áreas de estudo, você pode encontrar um caminho que não só satisfaça as suas curiosidades e paixões, mas também prepare você para futuras oportunidades e desafios.

Insight & ação

- Quais são os seus interesses e paixões?
- O que gosta de fazer no tempo livre?
- Em quais áreas se destaca? Como pode usar habilidades e talentos para aprender mais?
- Com quais assuntos você fica animado e curioso?
- Como o aprendizado pode ajudar você a estar em conexão com o que gosta?
- O que motiva você internamente e como o aprendizado pode satisfazer essas motivações?
- Como o aprendizado pode ajudar a alcançar os seus objetivos futuros?

PARTE 2
SALTO

8

TENHA OS SEUS PRÓPRIOS OBJETIVOS PROFISSIONAIS

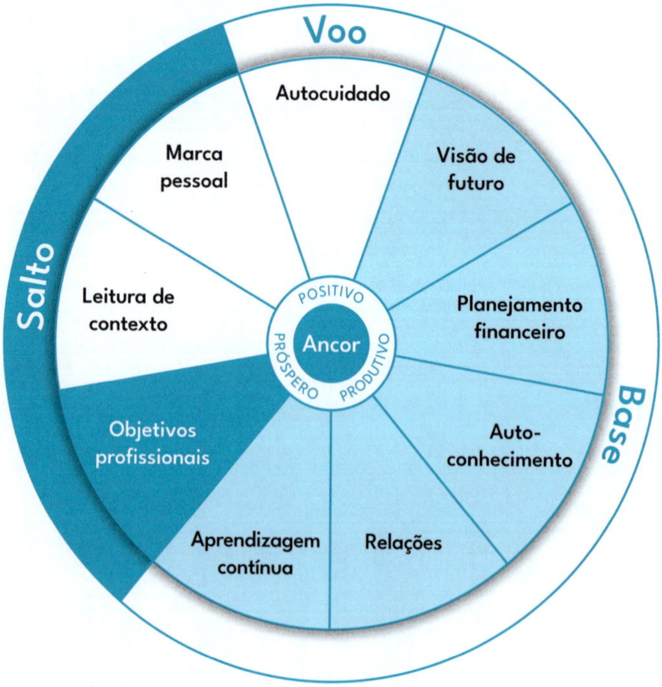

Há um tempo, uma cliente de quase 50 anos procurou nossa consultoria com uma demanda que chamou muito a nossa atenção. Ela estava trabalhando há mais de 15 anos em uma empresa e, de repente, sem nenhum tipo de feedback, aviso ou conversa sobre expectativas e resultados, foi demitida. "O que aconteceu?", ela perguntou, mas a explicação para o desligamento não foi nada clara, o que fez com que ela ficasse muito surpresa e decepcionada com tudo.

Durante o atendimento, ficou claro que existia uma frustração e uma indignação muito grande. Com razão, já que ela tinha dedicado boa parte de sua jornada profissional a um trabalho que não só deixou de valorizar o que ela fazia como profissional, como não ofereceu nenhum tipo de feedback ou ajuste de expectativas antes de demiti-la. E, apesar de a situação ser triste, é muito mais comum do que gostaríamos.

Ela trabalhava seis dias por semana, mesmo sem ter que cumprir essa carga horária e, quando chegava o domingo, estava tão exausta que só conseguia dormir e descansar. Dizia não ter tempo de fazer mais nada. Não passava muito tempo com a família nem com amigos, estava apenas focada no trabalho e nos resultados que precisava entregar a todo momento. Evitava faltar, estava presente em todos os eventos, participava de reuniões e processos que não eram da sua alçada para ajudar outros departamentos e entregava os seus resultados da melhor maneira possível.

Em determinado momento, também enfrentou o término do seu relacionamento, mas passava tanto tempo no trabalho e estava tão dedicada a essa área da sua vida que não sobrou tempo para se relacionar com outras pessoas, fazer novos amigos ou processar os eventos recentes. Justamente por isso, quando a demissão foi anunciada, ela se viu completamente perdida. Se antes tinha compromissos seis dias da semana, agora estava sozinha e sem absolutamente nada para fazer. A ausência de uma vida social ativa, hobbies ou investimento em autodesenvolvimento tornaram-se evidentes. Ela não buscou expandir seus conhecimentos ou habilidades. Naquele momento, ficou frente a frente consigo mesma, sozinha, sem distrações ou escudos.

Se não bastasse tudo isso, a "cereja do bolo" ainda acabou sendo outra. Em uma das sessões de seu Programa de Consultoria de Carreira, ela comentou o seguinte: "Bom, a partir de agora quero estabelecer os meus objetivos, dar um novo rumo para a minha vida. Quero um novo sentido para tudo o que eu vou fazer daqui para a frente". E ao ser questionada: "E o que você quer para você?". Ela respondeu: "Não sei. Quero definir tudo isso".

Aqui faremos uma pausa: ela não sabia o que gostaria de fazer, não sabia qual caminho tomar, o que buscar, o que estava construindo. Então, para tentar retomar objetivos anteriores, veio a pergunta que deixou claro que ela não estava cuidando de um pilar importante que a permitiria estar mais preparada para este momento: “Se tivéssemos nos conhecido 30 dias antes da demissão, por qual motivo você estava fazendo tudo aquilo, como trabalhar 6 dias da semana por mais de 12 horas por dia e se privando de todas as outras áreas da sua vida? Se essa pergunta tivesse sido feita para você lá no passado, qual seria a sua resposta?”. Ela respondeu: “Eu não teria uma resposta para dar. Hoje eu entendo que, todos esses anos, eu não sabia por qual motivo estava fazendo tudo aquilo”. Ponto-final.

Era uma busca incessante por um reconhecimento que não chegou, porém sem um objetivo claro. À medida que avançamos em seu processo de consultoria de carreira, ela descobriu que seus valores estavam fortemente ancorados em um senso de *certo e errado*, o que a levou a uma nova leitura sobre a sua dedicação excessiva ao trabalho: o certo, para ela, era se empenhar ao máximo para defender os interesses da empresa. Só assim ela sentia realização pessoal e a certeza que estava no caminho correto.

Sem dúvida alguma, está tudo bem ter isso em seus valores. Precisamos ser íntegros e comprometidos com o nosso trabalho. Entretanto, isso só fará sentido se você tiver objetivos muito definidos de próximos passos. Assim, você evita o risco de ficar desorientado caso seja necessário abreviar a sua vida executiva e antecipar o seu pós-carreira. Queremos que a sua primeira segunda-feira após esta mudança seja prazerosa.

É muito válido dar o nosso melhor, mas uma vida não pode ser orientada única e exclusivamente pelo esforço no trabalho atual, em busca apenas de objetivos alheios e troca de reconhecimento. É preciso ter visão de futuro e objetivos profissionais próprios definidos – que serão diferentes dos que você tem construído até agora em sua carreira executiva – para, assim, saber quais devem ser os próximos passos.

É muito válido dar o nosso melhor, mas uma vida não pode ser orientada única e exclusivamente pelo esforço no trabalho atual, em busca apenas de objetivos alheios e troca de reconhecimento.

Precisamos evitar que o pós-carreira chegue como aconteceu com esta cliente. Com ela, o processo de redescoberta e reconstrução de sua jornada foi intenso e doloroso, principalmente porque precisou se reinventar e encontrar um novo rumo em um contexto de muita frustração. Não queremos que você olhe para trás e se questione: *Por que fiz isso com a minha vida?* Em vez disso, queremos que, independentemente do reconhecimento recebido ou não, você possa refletir sobre suas próprias conquistas e afirme: *Eu sei por qual motivo estou aqui, tenho clareza dos meus objetivos e quais serão meus próximos passos.* É surpreendente o alívio que isso gera. E, claro, esse é um processo contínuo, mas as primeiras atitudes já foram tomadas só por estar aqui em busca de um planejamento para o pós-carreira. Agora chegou o momento de estabelecer os seus objetivos profissionais.

Sua carreira é o seu negócio

Ter objetivos profissionais próprios tem a ver com olhar para a carreira como se ela fosse o seu negócio. Pense conosco: o dono de um negócio bem-sucedido avalia os riscos, reflete sobre a direção que escolheu, define metas claras a serem alcançadas, estabelece resultados desejados, planeja os próximos passos e identifica os recursos necessários para que tudo isso aconteça. Precisamos, portanto, encarar o pós-carreira com a mesma seriedade que o dono de negócio encara o futuro da empresa. Assim como um empreendedor, você investe seu capital – tempo, energia e recursos – visando um resultado específico e multiplica seu "capital profissional", seja em forma de experiência, habilidades ou oportunidades.

Nesse sentido, se você decide seguir uma carreira executiva, por exemplo, está correndo riscos do mesmo modo porque depende apenas de um cliente: o empregador. E como é possível cuidar bem deste cliente? Primeiro, compreendendo as expectativas relacionadas aos seus serviços e alinhando-se a metas e objetivos estabelecidos. Segundo, oferecendo um alto nível de qualidade nos seus serviços e se comportando de acordo com os valores daquela organização, sem perder sua própria integridade (daí a importância do fit cultural, que é a sintonia entre os seus valores e os da empresa). Por fim, sendo consistente nas entregas e contribuindo para o sucesso da empresa. Veja que assim como o dono do negócio tem a visão de futuro e os objetivos de longo prazo de crescimento para a empresa, a lógica precisa ser a mesma ao analisar a sua carreira e os seus próximos passos. É preciso ter clareza de como atender as necessidades do cliente, sem perder de vista os próprios objetivos de futuro. Percebe qual é a ideia?

Você precisa se lembrar de que a sua carreira é o seu negócio e está acima do seu cargo. Seu empregador nada mais é do que o seu principal cliente. Mas também lembrar-se de que, a partir do momento em que olha para o futuro e define os próprios objetivos, ficará mais fácil estabelecer qual caminho precisa percorrer.

Definir os próprios objetivos profissionais é um momento em que você distingue os que pertencem à organização dos seus próprios, ou seja, os objetivos do seu trabalho serão um meio pelo qual você realizará os seus próprios objetivos. Gerir a carreira é entender o que precisa ser feito para que você atinja o que quer, para que o seu negócio performe da maneira que deveria.

Assim, para sanar possíveis dúvidas da diferença entre visão de futuro, objetivos e metas, temos que:

- **Visão de futuro:** é o seu grande sonho e intenção que inspira e direciona você no longo prazo.
- **Objetivos:** especificam de maneira mais concreta o que deve ser alcançado para chegar à sua visão de futuro.
- **Metas:** são as ações específicas, mensuráveis e detalhadas do que você deve fazer para atingir os seus objetivos.

Estabelecer objetivos profissionais próprios é importante porque o custo de planejar e executar se torna palatável à medida que você entende para onde está indo. O empenho, as renúncias necessárias, o foco e a dedicação passam a fazer sentido para você, acima de tudo.

Como definir objetivos claros

Christian Barbosa, autor best-seller e especialista em gerenciamento de tempo e produtividade, fala sobre a utilização do tempo:

> **[...] Geralmente, utilizamos o tempo de forma inadequada. Costumamos gastá-lo com atividades que nada têm a ver com nossos objetivos, com nossos sonhos, com nossa missão de vida. Isso resulta na sensação de que o tempo passou rápido demais e que não aproveitamos o suficiente. [...]**

> **Einstein costumava dizer que o tempo corre a uma velocidade de 60 minutos por hora. Nessa corrida, você tem que colocar seu carro na pista certa, naquela que vai levá-lo a seus maiores objetivos e sonhos. Caso contrário, correrá quilômetros na estrada da vida e, quando chegar ao fim, descobrirá, tarde demais, que pegou a pista errada e continuará reclamando que o tempo voa, pois não aproveitou seu tempo com coisas importantes para você.**[1]

Aqui ele está falando, entre outras coisas, sobre a importância de focar o que é necessário para chegar aonde gostaria, que é algo que acreditamos também. Além dele, Gary Keller e Jay Papasan, em *A única coisa*, falam sobre a importância do foco nos objetivos para que possamos concentrar os nossos esforços em algo que está conectado ao que queremos: "Resultados extraordinários são diretamente determinados por quão específico você pode tornar seu foco".[2]

Pensando sobre esses pontos, existem algumas maneiras simples de organizar os próprios objetivos profissionais. A seguir, compartilharemos as nossas preferidas e como acompanhar os resultados.

---

1 BARBOSA, C. *A tríade do tempo*. São Paulo: Buzz Editora, 2018.

2 KELLER, G.; PAPASAN, J. *A única coisa*: a verdade surpreendentemente simples por trás de resultados extraordinários. Rio de Janeiro: Sextante, 2021.

Ikigai

Com origem em Okinawa, grupo de ilhas que fica ao sul do Japão e possui uma população com pessoas centenárias bem acima da expectativa média de vida, o termo ikigai, apesar de não ter uma tradução literal, seria algo como "razão de viver" ou "motivo que faz você acordar todos os dias" segundo Ken Mogi, que é autor do best-seller de mesmo nome da metodologia.[3] No ikigai, a proposta é encontrar a intersecção entre quatro áreas: o que você ama, no que você é bom, do que o mundo precisa e aquilo que você faz e é pago para isso.

Sendo assim, uma ótima maneira de começar a buscar os próprios objetivos profissionais seria entender mais sobre o ikigai e encontrar

3 ONTIVEROS, E. O que é o 'ikigai', o segredo japonês para uma vida longa, feliz e saudável. *BBC*, 2 jun. 2028. Disponível em: https://www.bbc.com/portuguese/geral-44293333. Acesso em: 17 ago. 2024.

o seu caminho. Aqui, você conseguirá ter clareza de quais áreas da sua vida pode expandir, quais habilidades pode explorar e como fazer isso mesmo fora do ambiente corporativo. Investir o tempo encontrando o ikigai pode revelar paixões escondidas, talentos inexplorados e possibilidades infinitas para o seu pós-carreira. Do mesmo modo que, ao fazer isso, você não se resumirá a escalar os degraus corporativos, assim como aconteceu com a cliente sobre a qual falamos no início do capítulo, mas, sim, trilhará uma jornada que reflete a sua essência e o que você gostaria de deixar como legado.

Metas SMART

Falamos, de modo geral, sobre como é possível ter objetivos, porém eles precisam ser quebrados em etapas menores e fáceis de serem aplicadas. Aqui, queremos apresentar ou fazer você relembrar das metas SMART, que precisam ser específicas (*Specific*), mensuráveis (*Measurable*), alcançáveis (*Achievable*), relevantes (*Relevant*) e temporais (*Time based*). A proposta é transformar objetivos em ações concretas, organizando-os de modo que eles estejam claros e sejam viáveis de serem executados. Isso vale não só para metas corporativas, mas para a sua vida profissional também.

Vamos imaginar, portanto, que você descobriu em seu ikigai que o seu objetivo será desenvolver um projeto paralelo de consultoria no pós-carreira. Com as metas SMART, você pode dividir o caminho da sua preparação em passos menores para transformar isso em realidade. Então, pegue o seu objetivo macro e divida-o em pequenas etapas. Ao estabelecer metas, você manterá a motivação para percorrer a jornada sem desistir. A cada nova meta conquistada, você sentirá a felicidade da realização de um novo passo.

Métricas de acompanhamento (*Key Performance Indicators* ou KPIs)

Já vimos e ouvimos em diversos lugares que "não se gerencia o que não se mede, não se mede o que não se define, não se define o que não se entende, e não há sucesso no que não se gerencia". É preciso estabelecer objetivos com métricas claras para que você possa, de tempos em tempos, avaliar o quão mais perto você está de alcançar o destino final.

Você pode fazer isso colocando objetivos relacionados a conquistas financeiras, realizações pessoais e profissionais, como uma promoção ou um desafio no esporte que pratica, leitura de livros, realização de cursos ou especialização com certificações ou qualquer outra que se encaixe bem ao que definiu. E, ao atingir os seus objetivos, comemore. Celebre as conquistas. Não adianta apenas se esforçar e correr a maratona, é preciso comemorar sempre.

Outro ponto importante é ter *cuidado* com os *insucessos*. Falhar com frequência pode ser um sinal de autossabotagem. Isso acontece quando você estabelece uma meta e não cumpre. Depois, isso se repete várias vezes e nada se concretiza. Você, como dono da própria empresa, não se demitirá. A questão, contudo, é que, **muito provavelmente, existe um colaborador oculto dentro desse sistema que está sabotando você e não foi demitido ainda. Quem é esse sabotador? O que você precisa fazer para tirá-lo de cena?** Nesse caso, tente entender quais são os fatores que estão te limitando e impedindo você de concretizar as suas metas e objetivos. Será que você realmente ama e deseja o que quer alcançar a ponto de sempre ter energia e entusiasmo suficientes para fazer o que precisa ser feito?

Resultados esperados

O que você realmente quer para seu futuro? Em determinados momentos, é importante parar e analisar seus próprios objetivos para entender se o caminho que está percorrendo é coerente e te levará aos resultados esperados. Se sim, você se sentirá seguro e confiante para seguir em frente. Se não, talvez seja a hora de rever esses objetivos e respectivas metas para traçar um novo plano.

Para fazer isso, você pode utilizar a escuta interna, olhando para dentro e se questionando se está feliz com o caminho percorrido. Mas lembre-se: muitos caminhos se abrirão, então você precisará enxergar aqueles que tocam o seu coração para que possa identificar o que faz mais sentido.

“

É PRECISO OLHAR O TODO

— Maristela Gorayb —

Agora que você já sabe que um dos meus talentos é o Futurista, vale pontuar aqui que, quando entrei no *flow* da minha carreira, sempre vivia o presente, mas mirando o próximo passo que daria. Quando ainda não era gerente, observava como outros gerentes se comportavam, o que faziam, como tinham chegado lá para me inspirar. Depois, estabeleci objetivos maiores e passei exatamente pelo mesmo processo. Por fim, quando percebi a importância de estabelecer objetivos profissionais próprios, coloquei como primeira meta a ser alcançada a minha independência financeira e, para que isso desse certo, fiz a conta de como seria possível alcançar o que queria dentro da minha realidade. Sabia qual era o resultado financeiro que precisava conquistar mês a mês.

Desse modo, a métrica de análise dos meus resultados virou algo que fiz mensalmente, em primeiro lugar para entender se eu estava cumprindo com o que havia me proposto a fazer e se não estava me sabotando, mas também para entender se seriam necessários ajustes para que aquilo funcionasse. Além desse objetivo, também defini que gostaria de fazer as certificações, sobre as quais já mencionei, para ajudar no meu pós-carreira, e isso acabou fazendo com que eu caminhasse tendenciosamente em direção a tudo o que havia planejamento para o futuro.

Portanto, aqui está a importância de ter objetivos claros em relação à sua vida e ao seu futuro: ao fazer isso, você deixa de viver à mercê do que pode acontecer e passa a olhar com intencionalidade para o que quer fazer. Assim, você vive o jogo da vida de modo consciente, faz a gestão da sua carreira completa, indo além do olhar específico ao que faz no presente e avaliando o todo em busca do que quer para o futuro.

Hoje, já vivendo o meu pós-carreira e analisando os meus próximos objetivos profissionais, tenho certeza de que a nossa aposta com este livro, minha e da Flavia, está completamente alinhada com tudo o que eu construí e com o que eu quero para o futuro.

A nossa consultoria de carreira tem diversos serviços, entretanto, cuidar do pós-carreira sempre foi algo que conectou com o nosso propósito e estratégias para que pudéssemos trazer ainda mais especificidade para o negócio. Falar, ensinar e ajudar as pessoas a cuidarem da carreira olhando o pós-carreira é algo que amamos fazer, que toca o nosso coração e queremos cada vez mais estar imersas nesse universo. Esse é o meu atual objetivo profissional de longo prazo.

RESPIRE E SUBA A ESCADA DA CORAGEM

— Flavia Perez —

Em um dos meus artigos da newsletter "Coragem para mudar", que está disponível no meu perfil do LinkedIn, falei sobre a origem da palavra coragem e acredito que esse tema está completamente relacionado a tudo o que falamos aqui. Registrada na língua portuguesa desde o século XVI, essa palavra, que me representa tanto e que é parte essencial do processo de mudança para o pós-carreira, foi importada do francês a partir do termo *courage* que, por sua vez, tem a sua origem no latim com *cor*, *cordis*, ou "coração". E aqui a palavra não se refere ao coração como um órgão, mas como o lugar em que guardamos os nossos sentimentos.[4]

Ali eu falei, portanto, sobre a conexão da palavra coragem com o nosso coração e como precisamos, em muitos momentos, construir uma escada da coragem que nos levará ao que gostaríamos de fazer. Durante a minha carreira executiva, precisei encontrar essa escada e colocar em cada degrau os meus objetivos para que pudesse chegar aonde gostaria. Coloquei como objetivo, lá no passado, me planejar financeiramente, fazer certificações, buscar um caminho profissional alinhado aos meus valores, organizar a minha estrutura familiar, apoiar o meu filho na vida adulta dele e por aí vai. Foram diversas etapas. Algumas já realizadas, outras em processo de realização. Mas com toda a certeza posso afirmar que esses objetivos só aconteceram porque estabeleci a minha escada da coragem para que pudesse ter objetivos em cada degrau que me levariam a minha visão de futuro.

Por isso, faça como eu fiz e construa a sua escada. Durante esse processo, quero que sempre se pergunte: "Será que estou evitando fazer algo que traria impactos positivos para o meu objetivo? Posso mudar isso a partir de agora?". Se sim, faça a mudança.

4 RODRIGUES, S. A coragem vem do coração. *Revista Veja*, 31 jul. 2020. Disponível em: https://veja.abril.com.br/coluna/sobre-palavras/a-coragem-vem-do-coracao. Acesso em: 18 ago. 2024.

E se a coragem não aparecer para subir o primeiro degrau, suba mesmo assim. Tenho certeza de que ela o alcançará no percurso.

Estabelecer objetivos profissionais claros e bem definidos é essencial para garantir uma transição de carreira bem-sucedida e alinhada com a visão de futuro. Ao dedicar tempo para o autoconhecimento, definir metas, manter-se flexível e buscar apoio, você estará mais preparado para enfrentar os desafios e aproveitar as oportunidades que surgirem de modo intencional. Lembre-se de que a carreira é o seu negócio, e assumir o protagonismo dela é a chave para alcançar o futuro que você busca.

Insight & ação

- Quais objetivos você estabelece a partir de agora para gerir a sua carreira em direção à visão de futuro? (Como sugestão, use o ikigai.)
- Quais são as suas principais forças e fraquezas, e como pode utilizá-las ou melhorá-las para alcançar os objetivos? (O autoconhecimento pode apoiar você aqui.)
- Quais são os passos específicos que precisa dar para alcançar os objetivos de longo prazo? (O conceito de metas SMART se encaixa aqui.)
- Como pode medir o progresso e ajustar os planos conforme necessário para garantir que está no caminho certo? (Se precisar, releia o intertítulo "Resultados esperados" deste capítulo, que se encontra na página 174.)

9

SAIBA LER CONTEXTOS

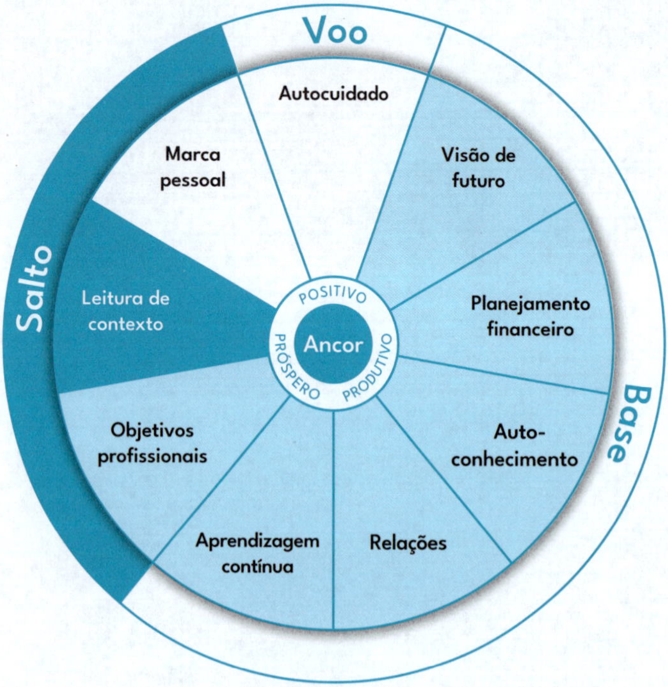

Para que você possa compreender o que é a leitura de contexto no processo de preparação para o pós-carreira, queremos que imagine uma partida de xadrez. Neste jogo, temos dois participantes e um tabuleiro com 64 casas, geralmente dividido entre peças brancas e pretas. Cada jogador, durante a partida, controla 16 peças, sendo um rei, uma rainha, dois bispos, dois cavalos, duas torres e oito peões. E cada uma dessas peças possui movimentos específicos que podem ser feitos dentro do tabuleiro.

O objetivo, por sua vez, é que um dos jogadores consiga dar xeque-mate no rei do adversário, colocando a sua peça em uma situação inescapável. Para que isso aconteça, o jogador precisa fazer a leitura do jogo completo, ter estratégia e fazer movimentos planejados. Ele precisa antecipar as ações do oponente, protegendo as suas próprias peças. Precisa enxergar o todo, considerar todas as possibilidades de jogadas próprias e do adversário, para escolher a que melhor performará naquela situação. Essa é a *leitura de contexto*. E é assim também na preparação para o pós-carreira.

Quando estamos falando em planejamento dos próximos passos da sua carreira no futuro, não podemos olhar apenas o que está superficial dentro de cada situação, precisamos olhar o todo, tentar antecipar questões e desafios, ler o cenário, as pessoas, o que está acontecendo e assim tomar determinadas decisões com base na leitura feita. Como estão as suas relações? O que o mercado está sinalizando? Essa leitura diz respeito também a tentar antecipar tendências, tentar prever como o que está acontecendo hoje pode impactar a sua vida no futuro, percebendo movimentos, identificando oportunidades e ameaças, e ajustando a estratégia quando for preciso. É como dar um *zoom out*, se afastar do seu microespaço, e olhar o que está acontecendo como se estivesse em um voo analisando o terreno visto lá de cima.

Mas, se no xadrez o jogador precisa conhecer as próprias peças e jogadas, aqui a ideia é a mesma. Queremos que você olhe o cenário interno e externo, ou seja, olhe para dentro e para o que está acontecendo com você, mas também para o cenário externo e tudo que o rodeia. Isso significa que você precisa ter clareza sobre os seus valores, habilidades e limites, mas também que analise os interesses e as decisões tomadas por outras pessoas ou organizações e como elas podem afetar o que você está construindo.

Costumamos falar, em outra análise, que essa leitura de contexto é como saber lidar com o que chamamos de jogo político, porque significa fazer a leitura do que está acontecendo e ter coragem para se posicionar e mudar, se necessário, gerindo possíveis conflitos e olhando o cenário

Essa leitura de contexto é como saber lidar com o que chamamos de jogo político, **porque significa fazer a leitura do que está acontecendo e ter coragem para se posicionar e mudar**, se necessário, gerindo possíveis conflitos e olhando o cenário como uma grande arena de interesses ocultos.

como uma grande arena de interesses ocultos. Pense conosco: cada pessoa ou organização é única, e cada um desses *players*, ou agentes interessados, age e toma decisões de acordo com interesses próprios. O mercado tem seus próprios interesses, bem como associações, empresas, grupos de pessoas e indivíduos. Existem agentes diferentes dentro das mais variadas esferas que trazem "suas próprias agendas" para dentro da tomada de decisão, e isso pode interferir e chegar até você. Essa clareza traz *paz* e *alívio*. Uma vez que você entende o contexto, os interesses envolvidos e o que está acontecendo, você consegue olhar para aquilo com menos envolvimento emocional, sabendo que está tomando determinadas decisões sendo guiado pelo seu objetivo maior, isto é, o que está construindo para o pós-carreira.

Se considerarmos que estamos, de alguma maneira, sempre buscando fazer o melhor que podemos dentro do que conseguimos naquele momento, assim como comentamos anteriormente nos princípios ericksonianos (vide página 106), podemos considerar que cada um desses movimentos é feito e pensado de modo positivo para que o melhor seja feito. Quando tomamos ciência disso e nos damos conta de que esses interesses coletivos e individuais são feitos dessa maneira, conseguimos olhar de modo positivo e favorável para o que está acontecendo, contribuindo, colaborando e fazendo as nossas próprias movimentações para que essa dinâmica aconteça da melhor maneira possível e nos ajude a caminhar em direção a um pós-carreira de sucesso. Assim, as coisas fluem para a convergência de realizações, com maiores chances de que você também realize o seu planejamento. Ao entender isso, você consegue mapear de fato o que é real e terá mais possibilidade de escolha e velocidade para alcançar o que quer.

A verdade é que praticamente tudo está fora do nosso controle: circunstâncias externas, ações e pensamentos de outras pessoas, eventos imprevisíveis, nosso passado etc. **Conseguimos manejar apenas nossas escolhas diárias, incluindo o que priorizamos e pontos em que direcionamos nossa energia, como interpretamos e reagimos ao que acontece em nosso entorno, os hábitos que desenvolvemos, a forma como tratamos os outros etc.** Portanto, a nossa proposta não é minimizar as intempéries que podem surgir no caminho e estão fora do seu controle, mas dar as ferramentas para que você faça uma leitura de contexto mais atenta ao que está acontecendo e ajuste a rota quando for preciso.

Alguns exemplos simples de leitura de contexto que você pode começar a fazer agora mesmo: observar como as pessoas estão tratando você e qual é o impacto disso no seu planejamento, como o negócio em que você trabalha está performando e se existe alguma movimentação específica que está acontecendo agora que impactará o seu futuro, como os fornecedores com quem você trabalha tem se comportado e se isso gerará algum impacto para você, como está o mercado e se existe alguma tendência específica tecnológica que pode disruptar o que você faz hoje ou o que pretende fazer no futuro, e por aí vai.

Imagine para as pessoas que perderam o emprego com as novas tecnologias como poderia ter sido diferente se tivesse existido uma leitura de contexto e antecipação dos problemas. É claro que não adianta chorar pelo que já aconteceu, e tampouco é essa a intenção aqui, mas queremos mostrar que a leitura de contexto pode poupar problemas e, principalmente, frustrações futuras. Se estamos enxergando uma nova tecnologia que poderá tomar completamente o nosso trabalho, é preciso adaptação.

Muitas vezes, decisões difíceis serão necessárias, mudando de empresa ou até mesmo de segmento. Se o cenário mudou, você precisa se adaptar. Sendo assim, a leitura de contexto é uma visão sistêmica que precisa ser desenvolvida por você a partir de agora. Não dá mais para adiar.

É PRECISO SURFAR AS ONDAS

— Maristela Gorayb —

Em determinado momento, enquanto ainda estava na carreira de executiva, dentro do universo corporativo, percebi claramente alguns movimentos de pessoas da alta liderança que poderiam me afetar. Na época, a nossa matriz, que ficava em um país na Europa, começou a trazer executivos para o Brasil e colocá-los em posições estratégicas, e alguns importantes líderes brasileiros foram sendo demitidos aos poucos.

Desse modo, fazendo uma leitura de contexto da situação, comecei a perceber que, ao meu redor, muitas cadeiras estavam sendo trocadas e logo chegaria o meu momento. Percebi, também, que o objetivo era implementar uma nova estratégia de negócio que mudaria como o trabalho era feito aqui no Brasil. Porém a situação era incompatível com o modelo de negócios da área que eu liderava. Ou seja, eu tinha duas opções: ou me adaptava ao que estava acontecendo e mudava completamente o meu modo de trabalho, ou precisava fazer um movimento estratégico em minha carreira. Hoje, olhando para o passado, parece ser tudo muito óbvio, mas não era. As mensagens não eram claras. Aliás, elas não eram dadas.

Nesse momento, olhei para mim, para o que eu fazia, para o que acreditava, para os meus valores, o que me motivava, a minha visão de futuro, objetivos e tudo o que gostaria de construir, e entendi qual seria o custo necessário para permanecer ali. Acabei me dando conta de que todas as coisas que me motivavam, principalmente a inspiração e autonomia, não faziam mais parte daquele contexto.

Foi deste modo que vi desmoronar o que eu tinha e percebi que a mudança era inevitável. Seria necessário um esforço enorme para me adaptar e ainda correria o risco de permanecer infeliz. Se ficasse, seria apenas pelo salário e status, ainda correndo o risco de performar mal e acabar sendo desligada por baixa performance em algum momento.

Então decidi mudar. Comecei a olhar o mercado, conversar com as pessoas, ter coragem para dizer que eu estava olhando novas possibilidades. E isso, para mim, foi muito difícil, porque estava em uma posição comercial e parecia que essa movimentação era uma antivenda daquele negócio. Então, criei uma narrativa muito respeitosa em relação ao meu presente e ao que desejava para meu futuro e me surpreendi com a receptividade das pessoas ao me apresentarem os próprios pontos de vista.

Ao fazer isso e conectar as descobertas ao meu planejamento do pós-carreira, olhei o desenho que havia feito no passado e organizei a minha saída da melhor maneira possível. Fiz a saída em um momento que foi muito bom para mim e para a empresa, deixando tudo organizado para que pudesse me dedicar ao que já estava construindo.

Paralelamente a esse movimento, também já estava investindo em algumas start-ups, vivenciando o empreendedorismo e aprendendo sobre ferramentas tecnológicas que poderiam me ajudar nessa jornada. E tudo isso só aconteceu porque eu estava atenta aos movimentos internos na empresa e também às novas tendências do mercado.

Por esse e outros motivos que acredito tanto na leitura de contexto como parte fundamental para o planejamento do pós-carreira. Ela funciona como uma leitura 4D de todas as dimensões que nos envolvem. Significa entrar no *flow* dos movimentos, fluir entre as frentes que estão acontecendo em sua vida pessoal e profissional de modo muito estratégico e consciente, sem surpresas – ou com o mínimo possível –, fazendo o que precisa ser feito para que possa movimentar as "suas peças no tabuleiro" de acordo com os próprios interesses e objetivos. Sem julgamento, sem se espantar com o que acontece, mas sempre se esforçando para dar o seu melhor e sendo estratégico em suas decisões.

Tudo flui, tudo muda, e você precisa estar pronto para surfar esses movimentos.

FIQUE ATENTO AOS SINAIS

— Flavia Perez —

No meu caso, vou compartilhar dois momentos importantes em que fiz a leitura de contexto e isso foi essencial para meu futuro. O primeiro deles aconteceu quando eu trabalhava em uma empresa que estava planejando a mudança do Rio de Janeiro para São Paulo e, na época, precisei fazer uma leitura muito apurada da situação para tomar a decisão de fazer ou não essa mudança junto com a organização.

Naquele momento, o meu marido havia pedido demissão do trabalho e estava analisando qual seria o seu próximo passo de carreira; então, eu era uma parte importante da fonte de renda da casa. Apesar de você possivelmente estar pensando que a mudança era simples e óbvia, uma vez que o aspecto financeiro era inquestionável, a mudança envolvia o distanciamento da família. Por outro lado, seria uma oportunidade de aprendizado e evolução também conhecendo uma nova cidade, com novos desafios e ampliando as minhas alternativas profissionais e rede de relacionamento. Isso me deu coragem para tomar a decisão de mudar.

Depois, o segundo momento importante aconteceu quando saí efetivamente do mundo corporativo e da vida executiva, assim como comentei em outros momentos do livro. Ali, fiz a leitura do meu contexto na época e percebi que não teria a liberdade necessária – considerando a vida executiva que tinha – para criar o meu filho sozinha depois da morte do meu ex-marido. Não havia possibilidade de esperar mais alguns anos para fazer a mudança no meu estilo de vida. Meu filho precisava de mim naquele momento.

Mudança de contexto exige mudança de planos e foi isso que fiz. Aos 45 anos, decidi antecipar a minha saída do mundo corporativo. Por isso digo que, se permanecer atento, você verá que existem sinais claros de que existe uma mudança acontecendo. Você pode perceber isso quando algo que era normal começa a incomodar ou quando percebe que existem movimentações de mercado, de pessoas ou de sua própria vida que vão afetar a maneira como você está seguindo a sua jornada. Ciclos se iniciam e outros se encerram, basta ler os sinais e ter coragem para ajustar o que é necessário.

Lembre-se sempre de que mudanças sinalizam recomeços, e recomeços representam novas possibilidades, abertura de olhar e novas experiências. Isso é maravilhoso, principalmente para quem está planejando o pós-carreira.

Como ler contextos

Assim como Eric Ries comenta em seu livro *A startup enxuta*: "A única maneira de vencer é aprender mais rápido do que qualquer outro". Ali, ele fala sobre inovação contínua e adaptação rápida às mudanças do mercado, o que tem absolutamente tudo a ver com a leitura de contexto da forma como apresentamos aqui. É preciso olhar o que está acontecendo, aprender mais rápido e ter coragem para mudar.

Porém, apesar de saber que não podemos ignorar o fato de que cada indivíduo e mercado são únicos, existem algumas variáveis com as quais você pode ficar atento, que abrangem, a partir da nossa percepção, o que chamamos de 4 Is do mundo dos negócios: interesses do mercado, interesses institucionais, interesses das pessoas e interesses próprios.

Interesses de mercado

Interesses de mercado são as tendências e necessidades que direcionam o comportamento ou a tomada de decisão dentro de um negócio. E isso pode ser moldado por demanda de consumidores, inovações tecnológicas, mudanças regulatórias ou até mesmo fatores sociais aos quais estamos sujeitos. E como fazer a leitura do mercado? Existem pelo menos dois caminhos possíveis: em primeiro lugar, você pode fazer uma análise do ambiente externo; depois, pode fazer um monitoramento dos concorrentes.

"A única maneira de vencer é aprender mais rápido do que qualquer outro". (Eric Ries)

Para ler o ambiente externo, você pode acompanhar as tendências do mercado em que atua, bem como considerar fatores como política, economia global e local, dinâmica social, tecnológica, ecológica e aspectos legais.

Por fim, para monitorar os concorrentes, você pode sempre observar e analisar as estratégias e os movimentos de mercado dos concorrentes diretos e indiretos da área em que atua. Procure entender com clareza o que pode ameaçar o negócio em que você trabalha e o que pode ser uma oportunidade.

Interesses institucionais

Aqui entram objetivos e prioridades de organizações e empresas. Estamos falando sobre olhar para o local em que você trabalha e entender também tudo o que pode representar oportunidade ou ameaça para o trabalho que realiza hoje.

Para ler esses interesses, a nossa sugestão é que você faça uma análise de ambiente interno, ou seja, busque entender a cultura organizacional em que está inserido, olhe a estrutura da empresa em que trabalha, bem como identifique os valores e a missão para que fique claro o que esperam de você. Para isso, uma boa análise SWOT ainda funciona muito bem, ou seja, analisar as forças (*Strengths*), fraquezas (*Weaknesses*), oportunidades (*Opportunities*) e ameaças (*Threats*). Faça isso e esteja sempre um passo à frente.

Interesses das pessoas

Estamos falando sobre os desejos, motivações e necessidades de cada pessoa que vive e interage dentro de uma sociedade. São interesses que podem mudar de acordo com questões econômicas, situações específicas que acontecem dentro de cada contexto, valores culturais ou até mesmo aspirações pessoais. Tudo isso influencia para que cada indivíduo tome decisões diferentes de acordo com os seus interesses.

Para fazer essa leitura de contexto, busque identificar as partes envolvidas direta ou indiretamente em sua vida e atuação profissional, e como as decisões delas podem impactar o seu planejamento do seu pós-carreira. Faça essa análise sem julgamento. Cada pessoa tem seus próprios valores e necessidades e tomam decisões baseadas nisso, assim como você.

Interesses próprios

Aqui nos referimos ao que você quer e ao que faz. Assim como falamos anteriormente, gostamos de sempre considerar que cada pessoa toma decisões da melhor maneira possível, e isso significa que você olha também para o seu bem-estar, para o seu desenvolvimento pessoal, para os seus objetivos, desejos e aspirações específicas. Tudo o que você quer e o que gostaria que acontecesse influencia as escolhas e ações que você toma diariamente.

Assim, a nossa sugestão para essa etapa é que você tenha clareza dos seus próprios interesses e busque feedback para ajuste de rota. A escuta ativa aqui é fundamental. Sessões de coaching, mentorias ou avaliações 360º podem contribuir muito nesse processo de melhoria contínua. Como Katy Milkman, cientista comportamental e autora, comenta em seu livro: "Os maiores empecilhos à mudança são muitas vezes a dor e a inconveniência de curto prazo associadas a fazer o que sabemos que deveríamos”.[1]

...

Ao refletir sobre essas quatro dimensões possíveis dos interesses que afetam o contexto em que você está inserido, lembre-se de que você só tem controle sobre os seus próprios interesses. A respeito dos demais, o que nos cabe é entendê-los e, de alguma forma, administrar o efeito que causam. O melhor benefício que essa consciência traz é evitar ser pego de surpresa. Assim, acreditamos que você estará mais preparado para tomar melhores decisões, além de evitar algumas frustrações inerentes a expectativas não atendidas.

Avalie, ainda, a quantas anda o seu desenvolvimento em algumas competências como pensamento crítico, empatia, adaptabilidade, curiosidade, visão sistêmica, inteligência emocional, escuta ativa, flexibilidade e tomada de decisão estratégica. Desenvolver essas competências é fundamental e fará toda a diferença em seu processo.

Assim como fizemos em nossa história, a partir da leitura de contexto, é importante que as decisões estejam alinhadas aos valores e à visão de futuro, o que conecta com tudo o que vimos até aqui. A leitura de contexto sempre precisa ser feita de modo preventivo para que você olhe o todo e entenda o que pode ser feito a partir de tudo o que construiu

“Os maiores empecilhos à mudança são muitas vezes a dor e a inconveniência de curto prazo associadas a fazer o que sabemos que deveríamos”. (Katy Milkman)

1 MILKMAN, K. *Como mudar*: as novas pesquisas para superar desafios e transformar nosso comportamento. São Paulo: Objetiva, 2022.

e deseja para o futuro. Dessa forma, você impulsiona o salto, uma vez que estará mais fortalecido e preparado para lidar com aquilo que está fora do controle.

Se o mundo muda e precisamos nos adaptar, cada movimento é uma oportunidade de avançar com os seus objetivos e com o seu propósito de construir o pós-carreira que você verdadeiramente deseja. Chega de apenas reagir, é hora de agir. Observe as peças do tabuleiro, pense nas possíveis jogadas e trace o caminho a ser feito. Fique atento e esteja preparado. Mas, acima de tudo, não se esqueça de sempre acreditar no seu potencial.

Insight & ação

- Qual é a visão de futuro da organização que trabalha e os seus objetivos estratégicos? Como a sua atuação agrega valor para esse negócio?
- Como esse mercado funciona? Como a organização em que trabalha é percebida e está posicionada diante da concorrência?
- Quais são os objetivos da sua liderança e dos principais *stakeholders* que geram impacto na sua carreira?
- Como suas conclusões sobre as questões anteriores impactam positiva ou negativamente seus próprios interesses? Como pretende lidar com isso?

Se o mundo muda e precisamos nos adaptar, cada movimento é uma oportunidade de avançar com os seus objetivos e com o seu propósito de construir o pós-carreira que você verdadeiramente deseja. **Chega de apenas reagir, é hora de agir.**

10

FORTALEÇA A SUA MARCA PESSOAL

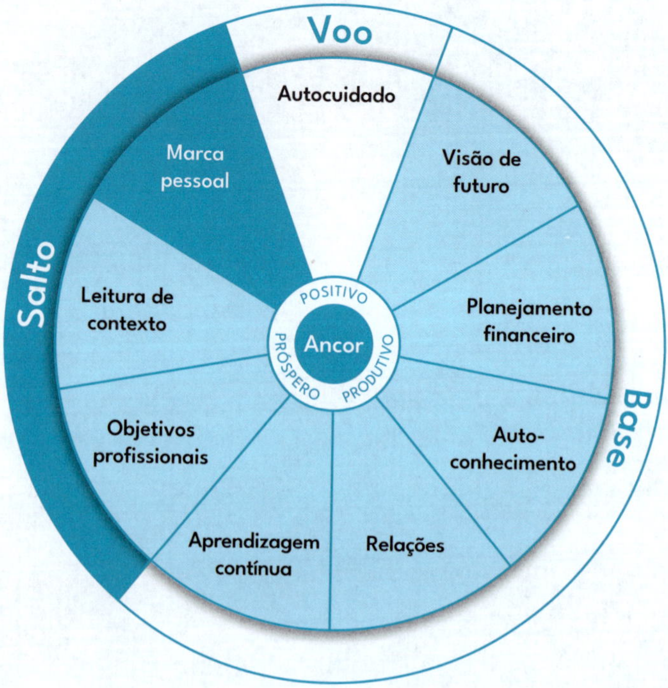

É muito comum confundirmos a marca pessoal com o nome impresso em nosso crachá, ou seja, com a nossa posição dentro de uma empresa ou o que está logo abaixo do nosso nome em nossa assinatura de e-mail. Ao se apresentar, em algum momento você já falou apenas sobre o seu trabalho e o que faz dentro da corporação em que atua?

Mais comum ainda é acharmos que a marca pessoal não importa, que estamos passando despercebidos por onde frequentamos, que esse conceito é destinado só para influenciadores ou famosos. Alguns ainda podem ver o conceito como algo que pertence apenas aos egocêntricos, que cultuam a própria imagem acima de tudo e de todos, vivendo quase como se pertencessem a uma vida "de Instagram", montada para que tudo pareça ser perfeito, sustentando aparências ou buscando apenas a autopromoção. Por último, notamos também que outros acham que cuidar da marca pessoal é sobre ser popular, conhecido e amado por muitos.

Mas será que tudo isso é verdade? Em um primeiro momento, podemos afirmar que não. Vamos conferir juntos?

Escolha o seu marca-texto

De modo simples, a marca pessoal nada mais é do que a experiência que proporcionamos às outras pessoas e sobre o que falam de nós quando não estamos por perto. Quando conhecemos alguém, quando conversamos, frequentamos lugares, comparecemos a eventos, postamos nas redes sociais, enviamos um e-mail ou temos qualquer outro tipo de contato interpessoal, estamos em um processo de construção de marca pessoal. Isso acontece porque, a todo momento, nossos comportamentos estão deixando impressões sobre quem somos. Estamos o tempo todo deixando as nossas marcas. Até mesmo enquanto caminha no parque você está deixando uma marca, ou então no modo como se comporta em um restaurante ou em um evento. E o mais importante: esse processo acontece *com* ou *sem* a sua permissão, pelo fato de que estamos o tempo inteiro criando percepções e dando contextos para julgamentos, mesmo que sem querer. Giuliana Tranquilini e Susana Arbex falam exatamente sobre esse tópico em seu livro *Sua marca pessoal*.

Sua marca pessoal já existe – ela vem sendo construída à medida que você vem atuando. As pessoas com quem interagimos tiram conclusões sobre nós

o tempo todo, e formam mentalmente imagens, criam a própria definição sobre quem somos. Elas seguem nos colocando carimbos a partir do que deixamos de impacto nelas, queiramos ou não. Portanto, o tempo todo estamos gerando efeitos que vão construindo a percepção das outras pessoas sobre nós. Não dá para fugir disso.[1]

Todo mundo tem uma marca. Mas nem todos têm clareza sobre ela e a dominam de maneira efetiva e consistente. Quando você toma consciência de quem você é e o que faz de você alguém único, as suas atitudes se alinham com os seus valores e isso é expresso no modo como você se comunica. Com isso, você deixa marcas que realmente impactam as pessoas. Conforme falamos no fim do Capítulo 5, a nossa vida pode ser comparada a uma grande série, com muitos episódios e temporadas. E, aqui neste livro, falamos sobre o processo de construção das próximas temporadas dessa série: o seu pós-carreira. Então, vamos imaginar que você possa olhar para a própria história como um todo, assistindo ao resumo de todos os episódios. Você encontrará altos e baixos, momentos bons e ruins. O que você gostaria de mostrar para as pessoas? Aqui entra a proposta de marca pessoal.

Essa construção, segundo a nossa percepção, precisa seguir a mesma linha de raciocínio: experimente escolher as cenas que deseja mostrar desta série. Ou, ainda, se a sua vida fosse um livro, experimente grifar com um marca-texto o que gostaria de destacar na sua história. Isso não significa que você acrescentará trechos que não fazem parte do

1 TRANQUILINI, G.; ARBEX, S. Sua marca pessoal: revele sua autenticidade: fortaleça seu posicionamento profissional com uma comunicação autêntica e memorável usando o Método Fly. São Paulo: Literare Books International, 2023.

Quando você toma consciência de quem você é e o que faz de você alguém único, as suas atitudes se alinham com os seus valores e isso é expresso no modo como você se comunica. **Com isso, você deixa marcas que realmente impactam as pessoas.**

que aconteceu somente porque são "bonitos de se contar". Tampouco apagará os momentos difíceis que fazem parte da sua vida. Muito pelo contrário, tudo estará ali. Porém, você destacará o que é importante para o fortalecimento da sua marca pessoal.

Quais aspectos quer dar mais destaque? Quais fazem sentido deixar de lado? Construir uma marca pessoal poderosa é comunicar o seu valor, "mostrar para o mundo a sua versão mais autêntica é assumir as rédeas da sua narrativa, e passar a ser lembrado por aquilo que deseja e valoriza".[2]

Na preparação para o pós-carreira, a marca pessoal se torna importante à medida que você constrói, de forma intencional, a maneira como será visto. Ela é uma construção que deve ocorrer independentemente do local de trabalho, pois o seu nome é o que você levará consigo para sempre. **Imagine-se na sua primeira segunda-feira fora do mundo corporativo ou do seu atual ambiente de trabalho e reflita sobre qual imagem quer que as pessoas tenham do seu lado profissional. Será que você tem cuidado da sua marca pessoal adequadamente para isso acontecer?** Começar a fortalecer uma marca pessoal por uma necessidade pontual imediata demandará muito esforço e, para algumas pessoas, talvez até certo desgaste emocional. Daí a importância de se conscientizar e trabalhar sua marca, assim como se cuida de um patrimônio, ou seja, desde sempre, de forma consciente e consistente. Quanto antes começar, mais fortalecida estará sua marca quando realmente precisar.

De alguma forma somos como produtos. Não há mais como negar ou evitar essa ideia. E o mercado é competitivo, então precisamos nos apresentar bem ao mundo. Assim como as empresas possuem

2 Ibidem.

estratégias específicas para criar uma imagem de valor agregado aos seus produtos, você também precisa trabalhar a sua marca pessoal e a maneira como se apresenta ao mundo.

Em resumo, a marca pessoal é a sua proposta de valor, e para que ela seja clara e poderosa, reforçamos que ela precisa ter coerência com quem você é e consistência na comunicação que é feita. Pessoas não devem se apaixonar por você por sua perfeição, mas, sim, por sua autenticidade, por sua verdadeira essência, por quem você é como indivíduo, a partir de pontos de interesse em comum e dos aspectos que você escolheu destacar em sua história.

Desse modo, queremos colocar como ponto de partida quatro reflexões sobre o tema para que você comece a analisar como tem se apresentado até então. Separe alguns minutos e tente responder de modo claro e objetivo cada uma das perguntas a seguir, pensando, por um momento, que você é como um produto em uma loja.

1. Quais são os seus diferenciais?
2. Como você está embalado?
3. Em qual seção você poderia ser encontrado?
4. Como poderia se destacar perto dos demais produtos?

Como próximo passo, a nossa intenção é abordar outros elementos importantes na construção da marca pessoal, mas caso você perceba que já está deixando de apresentar o "seu produto" (você!) de modo adequado, a nossa sugestão é que comece a pensar em quais elementos quer grifar em sua história a partir de agora. E, é claro, faça isso considerando a construção e planejamento do seu pós-carreira.

Pessoas não devem se apaixonar por você por sua perfeição, mas, sim, por sua autenticidade, por sua verdadeira essência, por quem você é como indivíduo, a partir de pontos de interesse em comum e dos aspectos **que você escolheu destacar em sua história.**

Quatro pilares

Existem muitas maneiras de definir os pilares da marca pessoal, e sabemos que esse assunto poderia ser abordado em uma obra inteira para ajudá-lo nessa jornada de preparação. Porém, como a nossa intenção é trazer alguns insights importantes para que você comece a olhar o tema e fazer as mudanças necessárias, queremos apresentar quatro pilares essenciais para fazer a gestão da sua marca pessoal. Como protagonista da sua vida, você fará escolhas estratégicas e autênticas para a marca que quer deixar nas pessoas.

Os quatro pilares são: identidade, imagem, posicionamento e comunicação.

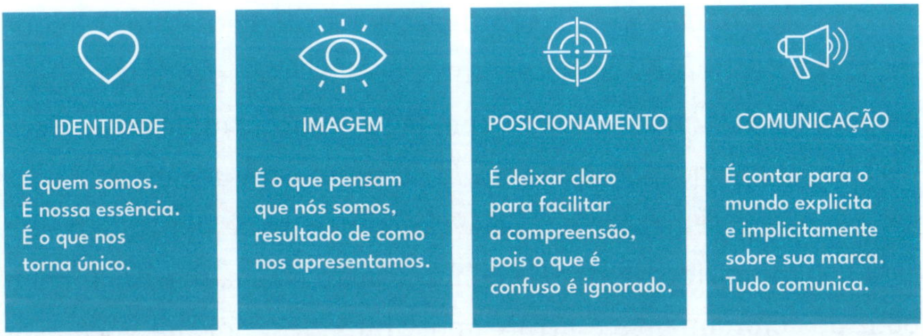

A *identidade* é o coração da marca, é quem você verdadeiramente é, a sua essência. É a base que define a sua vida, assim como as suas crenças, valores e o que torna você uma pessoa especial e única. É o que o diferencia em um mar de pessoas, e não se trata apenas do olhar para as experiências ou o que é feito, mas, sim, para as suas habilidades, o que você valoriza, as suas paixões e tudo aquilo que guia as suas decisões. Como você toma decisões hoje? O que leva em consideração? Esses são pontos fundamentais da identidade. Em outras palavras, a identidade é um conjunto de características que funciona como a sua "assinatura" pessoal, pois é a partir dela que você deixa a sua marca.

A *imagem*, por outro lado, é basicamente o reflexo do modo como você se apresenta ao mundo e como as pessoas o percebem. Veja que você até pode ter controle de como deseja ser visto, mas a imagem projetada nem sempre corresponde à sua identidade, por isso é tão importante alinhar essas duas dimensões. Assim, você garantirá que está passando a sua identidade com a imagem adequada. E como fazer isso? A partir da construção de elementos específicos, bem como o modo como se veste, o conteúdo que compartilha e até mesmo com quem as pessoas te associam a partir da imagem que transmite. Lembre-se: a manutenção da coerência entre as duas esferas – identidade e imagem – contribui muito para o fortalecimento da marca pessoal.

O posicionamento fala sobre clareza e direção. Como? Pense no seguinte: dentro desse assunto, posicionar-se é deixar claro quem você é, o que faz, para quem faz e como se diferencia. É ser certeiro em relação ao que você faz e como comunica isso, é passar adiante o seu valor em palavras, contextos e em tudo o que está subentendido dentro da comunicação da sua marca. Ter um bom posicionamento é atrair oportunidades, porque você está exatamente onde deveria estar. Isso não apenas facilita o entendimento da marca, como também cria um caminho propício para a construção do que quer.

Por fim, a *comunicação* é o que conecta identidade, imagem e posicionamento. Ao comunicar adequadamente a sua marca pessoal, você está fechando todas as pontas para que ela seja poderosa e traga reputação para a sua vida e carreira. Para fazer isso, você precisará cuidar do que compartilha, das conversas e reuniões que participa, dos negócios que faz, de como transmite a sua autoridade nas redes sociais e por aí vai. Tudo comunica: desde um simples e-mail até uma palestra. Cada interação é uma oportunidade de comunicação e precisa ser cuidada.

Sendo assim, podemos resumir em três elementos fundamentais para construção e gestão de uma marca pessoal poderosa: a *coerência*, a *clareza* e a *consistência*. Se parar para observar, verá que tudo o que falamos até aqui passa por esses elementos. *Coerência* de conectar a sua imagem com sua identidade, *clareza* em seu posicionamento e *consistência* para comunicar de modo correto a mensagem que está construindo. Você já tinha parado para pensar nisso?

Diferenciação e valor

Um passo importante nessa construção da marca pessoal é entender como você poderá encontrar um caminho que o diferencia. Para facilitar, queremos trazer oito marcadores de diferenciação que podem servir como inspiração. São eles: habilidade, mensagem, estilo de vida, emoção, credencial, especialização, nicho e visual. Veja em detalhes cada um.

Habilidade

O que você faz facilmente e melhor do que ninguém e que pode ser aplicado no seu contexto atual, assim como uma habilidade específica.

Mensagem

É a missão ou a declaração do que você acredita, algo que é tão profundo que passa por sua marca pessoal sem dificuldade.

Estilo de vida
Se a maneira como você vive o torna diferente, esse pode ser o seu marcador de diferenciação.

Emoção
Como você faz o outro se sentir? Pense sobre sentimentos que evoca no outro. Se esses sentimentos forem a parte mais importante da marca pessoal, então emoção é o seu pilar de diferenciação.

Credencial
Conquista, credencial ou realização relevante que chancela a sua marca pessoal.

Especialização
Expertise ou especialidade em seu contexto de atuação. Algo único realizado por você a partir de anos e anos de estudo e conhecimento adquirido.

Nicho
Público específico com o qual trabalha.

Visual
Algum elemento visual ou característica física que é característico seu.

- **Habilidade:** é o que você faz facilmente e melhor do que ninguém e pode ser aplicado no seu contexto atual para se diferenciar. Marie Kondo se tornou referência em organização pessoal com o seu método KonMari, transformando a sua habilidade de organização em uma marca global, escrevendo livros e estrelando programas de TV. É uma abordagem única, que envolve manter apenas os itens que trazem alegria, o que ressoou com pessoas no mundo todo.[3]

- **Mensagem:** é ser uma voz sobre o tema que acredita e que, muitas vezes, se torna uma missão de vida. É focar a mensagem que quer passar para o mundo. Um ótimo exemplo é Malala Yousafzai, conhecida por sua defesa do direito à educação de meninas e alguém que se tornou uma figura global após sobreviver a um atentado do Talibã.[4] Tudo o que aconteceu fez com que ela fundasse o Malala Fund e se tornasse a mais jovem laureada com o Prêmio Nobel da Paz.
- **Estilo de vida:** é algo na forma de viver que torna as pessoas diferentes. Joshua Fields Millburn e Ryan Nicodemus ficaram conhecidos como "Os minimalistas" e renderam até mesmo um documentário sobre o tema, em que falam sobre a busca por um estilo de vida focado em viver com menos para encontrar mais significado. Por meio de livros, podcasts e documentários, eles inspiram pessoas a simplificar a vida e evitar o consumismo exacerbado.[5]
- **Emoção:** este marcador de diferenciação diz respeito à maneira como você faz os outros se sentirem perto de você. Se você trabalha com algo que promove o desenvolvimento pessoal e transmite

3 DRURY, F. *A mágica da arrumação de Marie Kondo*: vida organizada realmente é igual a mente limpa? BBC News, 17 jan. 2019. Disponível em: https://www.bbc.com/portuguese/geral-46906910. Acesso em: 6 nov. 2024.

4 SILVA, D. N. Malala Yousafzai. *Brasil Escola*, [s.d.]. Disponível em: https://brasilescola.uol.com.br/historiag/malala-yousafzai.htm. Acesso em: 6 nov. 2024.

5 CARNEIRO, R. 'A pandemia nos fez questionar o que é essencial', diz guru do minimalismo. *Revista Veja*, 29 jan. 2021. Disponível em: https://veja.abril.com.br/cultura/a-pandemia-nos-fez-questionar-o-que-e-essencial-diz-guru-do-minimalismo. Acesso em: 6 nov. 2024.

emoção, talvez esse seja o seu caminho. Você pode inspirar, motivar ou até mesmo fazer as pessoas refletirem a partir do que faz. Tony Robbins, palestrante motivacional e coach de vida, é conhecido por suas apresentações energéticas que geram entusiasmo e motivação. Entendemos que ele utiliza a emoção para ajudar as pessoas a superarem barreiras pessoais e profissionais.

- **Credencial:** são as realizações relevantes da sua vida. Estamos falando aqui sobre diplomas, prêmios, descobertas ou até mesmo livros ou metodologias. Quando uma marca pessoal é pautada em credencial, ela transmite muita competência e credibilidade. Quer um exemplo? Stephen Hawking ficou conhecido por suas contribuições à física teórica e à cosmologia e se destacou por suas realizações acadêmicas, incluindo seu trabalho sobre buracos negros e a origem do universo.[6] Ele escreveu livros e deu palestras que tornaram conceitos científicos muito complexos acessíveis a um público amplo, e foi reconhecido como um dos cientistas mais influentes do século XX.
- **Especialização:** essa opção é o resultado de anos de estudo, conhecimento e aprimoramento em uma área. Fala sobre competências, mas também sobre ser especialista em um tema. Aqui, as pessoas procurarão você quando precisarem de insights, orientação ou soluções específicas sobre a sua especialização. E toda a comunicação deverá passar por esses pontos. Brené Brown, pesquisadora e escritora, se especializou no estudo da vulnerabilidade, coragem e empatia. Seus TED Talks e livros, como *A coragem de ser imperfeito*, exploram essas áreas de maneira muito profunda e acessível para

6 CUETO, J. C. A previsão de Stephen Hawking sobre buracos negros confirmada 50 anos depois por cientistas. *BBC News*, 7 jul. 2021. Disponível em: https://www.bbc.com/portuguese/geral-57750438. Acesso em: 6 nov. 2024.

todos, sendo ela uma referência para nós na atualidade em desenvolvimento pessoal e emocional.

- **Nicho:** este marcador de diferenciação está relacionado a focar um determinado nicho de mercado ou público. Yvon Chouinard, fundador da Patagonia, se destacou ao focar o nicho de roupas e equipamentos para atividades ao ar livre com um forte compromisso com a sustentabilidade ambiental. A marca é conhecida por sua abordagem ética e sustentável, o que ressoa profundamente com consumidores preocupados com o meio ambiente, e Yvon, em total coerência com seu posicionamento, transferiu a propriedade da marca em 2022 para um fundo especial e uma organização não governamental dedicados a combater a crise climática e proteger as florestas em todo o planeta.[7]
- **Visual:** é se diferenciar por alguma característica física que é só sua. Steve Jobs ficou conhecido por seu visual icônico de gola alta preta, jeans e tênis New Balance.[8] Ele utilizou essa aparência minimalista e consistente como parte de sua marca pessoal, que não apenas refletia a sua filosofia de design simplista e funcional – reconhecidos na marca Apple – mas também se tornou sua assinatura visual. Da mesma forma, Anna Wintour, a famosa editora-chefe da *Vogue* é lembrada por seu corte de cabelo bob e os seus óculos de sol grandes, que transmitiam uma imagem de elegância e autoridade no mundo da moda.

7 JUN, E. Patagonia: por que o dono abriu mão de US$ 3 bi para causa ambiental. *E-Investidor*, 17 set. 2022. Disponível em: https://einvestidor.estadao.com.br/negocios/patagonia-doa-empresa-causa-ambiental/. Acesso em: 6 nov. 2024.

8 STEVE Jobs e sua identidade visual. *Frames*, [s.d.]. Disponível em: https://frames.com.br/a-personalidade-das-personalidades/. Acesso em: 6 nov. 2024.

Perceba, então, que não existe certo ou errado. Quando falamos de marca pessoal, você deverá entender o que melhor funciona para você e trabalhar dentro disso. É possível também que você encontre outras maneiras de se diferenciar que não se encaixam no que falamos anteriormente. Isso não é um problema. O mais importante é que cuide da sua marca pessoal e encontre o próprio jeito de passar a sua mensagem e se conectar com as pessoas.

Criar, distribuir e capturar valor

Sua reputação é uma percepção coletiva ao longo do tempo. Leva tempo para construir. É a soma das marcas que você deixa. Como já falamos, exige clareza, coerência e consistência. Coerência para ser verdadeira, e consistência para gerar confiança.

Para fazer a gestão de marca pessoal e construir reputação em cima disso, é preciso *criar*, *distribuir* e *capturar* valor. *Criar* valor para que você seja alguém que gera algo interessante e de alta qualidade para as pessoas. *Distribuir* valor para que comunique isso de modo adequado e faça chegar nas pessoas. E *capturar* valor para que receba em troca o reconhecimento, a satisfação, a remuneração ou qualquer outra coisa que traga a você realização. Ou seja, uma marca pessoal forte é construída ao transformar o valor que você cria em *impacto* e *propósito*, ao fazer isso com *intenção* e *estratégia*. Assim, você se transformará em um ativo valioso e duradouro.

E não dá para fugir: as redes sociais estão vivendo conosco e simplesmente ignorar a presença delas seria inútil. É natural usar as redes sociais para procurar especialistas, inferindo quem é ou não autoridade em assuntos específicos ao constatar a força de sua presença digital. Acompanhamos marcas, escolhemos produtos e, hoje em dia, muitas das coisas que fazemos giram em torno desse universo. As redes sociais também democratizaram a possibilidade de fazer publicidade para marcas, fazendo com que você não precise mais gastar uma fortuna ao colocar uma propaganda de um produto ou serviço para que outras pessoas vejam.

Então, para nós, Flavia e Maristela, gravar conteúdos nas redes sociais não foi fácil, mas sabemos que é necessário. Por mais que seja difícil para você trabalhar a sua imagem digital, assim como foi para nós, não desista e não hesite mais. Não deixe para amanhã. Uma marca pessoal bem trabalhada nas redes sociais ajuda – e muito – na jornada do pós-carreira.

VOCÊ JÁ CONHECEU UMA HARLEYRA?

— Flavia Perez —

É sempre mais difícil falarmos sobre nós mesmos, não é verdade? Por esse motivo e para provocá-los a fazer o exercício proposto no fim deste capítulo, resolvemos não falar de nós mesmas, mas falar da outra. Então contarei a você o que eu, Flavia, percebo como sendo elementos importantes da marca chamada Maristela Gorayb, a Mari.

A primeira impressão que tive da Mari, conversando com ela no intervalo do curso que fizemos juntas, foi de uma pessoa com opinião forte e pensamento crítico. Ela discordava da forma de avaliação das pessoas na empresa em que trabalhava e estava insatisfeita por não poder mudar essa realidade. A autonomia, que tanto prezava, estava sendo tirada dela, o que já era um sinal de que alguma mudança precisaria ser feita na sua carreira. Na época, eu ainda não sabia que estar naquele curso já fazia parte da mudança que planejava.

Depois, convivendo por alguns meses com ela, conheci uma Mari muito divertida! Que gostoso era estudarmos, almoçarmos e jantarmos juntas, nos preparando para a nossa certificação. Tudo muito leve, sem complicações. E quando complicava, ela descomplicava na hora. Além disso, sabia se vulnerabilizar de modo que eu não tinha visto antes. Falar dos seus anseios, dos seus medos e pedir ajuda não era um problema para ela. Tudo isso acelera um processo de estabelecimento de confiança, e foi assim que me senti confiante em convidá-la para ser a minha sócia. A transparência que ela tinha na fala e o interesse genuíno em escutar o outro, além da facilidade com o trabalho conjunto, despertaram essa vontade em mim.

Hoje, como sócia e amiga até o último fio de cabelo, vejo que não poderia ter feito escolha melhor. No trabalho, Mari é focada e garante que estamos investindo o nosso tempo naquilo que trará maior impacto para os nossos clientes. Em relação aos feedbacks que dá, são os melhores que já vi. Ao apontar melhorias, faz com empatia e apoia na busca de soluções de como fazer melhor. Ao elogiar, sempre explica exatamente o que gostou.

Tirando tudo isso, ainda posso comentar que celebrar é com ela. Adora música e (tenta) cantar como eu e por isso, entre tantas formas que temos de cultivar essa amizade que não para de crescer, é fácil nos encontrarmos para um karaokê. Amiga para todas as horas, veio ficar comigo um dia em casa quando a dengue me deixou prostrada na cama, se dispondo a fazer o que fosse necessário para eu me sentir melhor.

Se eu tivesse que escolher um marcador de diferenciação para a marca pessoal da Mari, escolheria seu estilo de vida. Como motociclista de Harley-Davidson, ela tem acesso à liberdade e ao desafio que valoriza. Fazer parte de uma comunidade nacional e mundial permite que ela cultive relações e viva a fraternidade na prática, algo tão valioso para ela. Esse jeito "Harleyra" de ser aparece nas viagens que escolhe fazer, nos objetos em sua casa e nas roupas que veste. E isso tudo comunica sobre quem ela é.

Por meio das marcas que deixou nas pessoas com quem conviveu, Mari construiu uma reputação de muito valor, fruto de quem ela é, da congruência com a imagem que deixa por onde passa, nas escolhas feitas para se posicionar e na maneira clara como comunica tudo isso.

Confesso que escrever sobre a Mari foi muito mais fácil do que seria escrever sobre mim. Se você sentir esse desafio também, não deixe de fazer o exercício que propomos ao fim do capítulo. Tenho certeza de que se emocionará e aprenderá muito sobre você.

CONEXÃO PELA EMOÇÃO

— Maristela Gorayb —

Um dia, comentei com a Flavia que, em função de uma mudança de horários na minha rotina, o meu personal trainer não poderia mais me atender. Ela imediatamente mandou mensagem para o personal dela para que ele indicasse outra pessoa competente que pudesse me ajudar. E ele indicou a Katia Capodicasa.

Passado um bom tempo, Flavia se mudou de bairro e aquele seu personal não pode mais acompanhá-la. A Katia, então, passou a atendê-la em um horário antes do meu. Logo nos primeiros dias, ela foi entendendo rapidamente quem é a Flavia. Chegava no meu treino encantada, dizendo: "Mari, como a Flavia é animada! Logo cedo, às 6h da manhã, ela já está no maior pique, toda linda com a garrafinha dourada de água na mão. E como a música mexe com ela, né?! Não pode ouvir uma música que começa logo a dançar no meio da academia. Fora que ela fala com todo mundo que chega. E como gosta de uma conversa! Procura ajudar a todos que comentam algo com ela. Por outro lado, é distraída demais, meu Deus!

Toda hora perde aquela garrafinha de água e para o treino para procurá-la. Ela é muito engraçada!".

Enquanto isso, a Flavia está atenta e curiosa sobre a Katia. Um dia, ela me disse: "Mari, a nossa personal não tem vida social! Fico preocupada com ela. A vida dela gira somente em torno do trabalho e da casa, além dos cuidados com a mãe. Falei para ela que precisa sair dessa bolha, fazer novos amigos, buscar novos interesses. Um dia isso vai fazer falta e isso me preocupa". E assim ela começa um trabalho de influência para que a Katia repense sobre as áreas da própria vida e comece a avaliar as suas decisões para o futuro. A Katia, por sua vez, ainda encantada, ouve o que a Flavia diz e me conta: "Estou tentando!".

Trabalho com a Flavia desde 2019 e posso afirmar que essa breve narrativa diz muito sobre a marca que ela deixa por onde passa. Ela transmite amor, energia e alegria de viver sempre, e isso é tão autêntico nela que contagia. É muito atenciosa e focada nas pessoas, tanto que não me surpreende a rapidez com que cativa e conquista a confiança de quem a conhece. É assim todos os dias: atenciosa e gentil. E está sempre linda. Emana uma beleza que vem do seu amor por si mesma e, por isso, se cuida, sabe se priorizar e comunicar claramente o que é mais importante na sua vida.

Interessa-se por pessoas indistintamente e nunca perde a chance de dar um abraço carinhoso, marcar um café, chamar para um jantar. Faz isso quase que por impulso, pois coloca o seu coração à frente de todas as decisões. Sempre. Se ela escuta você contando sobre algo, logo pega o celular para compartilhar um contato, um artigo, um livro, um evento que se conecta ao assunto. Parece que tem sempre um estoque de coisas dentro de si para doar e fazer o bem. É curiosa, quer sempre saber mais a fundo, seja sobre você, seja sobre algum assunto que passa por ela. Uma estudiosa incansável, cuidadosa com a profundidade e a beleza em tudo o que faz.

Por isso, acredito que o marcador de diferenciação dela é, sem dúvida, a emoção. Ela faz com que a gente se sinta bem, ame a vida, confie no que o coração nos diz e tenha coragem para mudar o que é preciso. E tudo acaba dando sempre certo. Assim, ela deixa a sua marca por onde passa.

Insight & ação

Para fecharmos, vamos a um exercício que vale muito a pena e deixamos como sugestão para você. Pegue a lista de perguntas a seguir e envie aos seus familiares, amigos de infância, colegas de trabalho, amigos recentes ou mentores. Os que conhecem você há mais tempo conseguirão responder todas as perguntas; os conhecidos mais recentes poderão responder apenas a partir da pergunta de número 8. O que importa é: utilize as respostas para entender sobre qual é a marca que você está deixando por aí. E divirta-se!

1. Como eu era quando criança?
2. Como gostava de passar o meu tempo?
3. Em que eu era bom? Em quais áreas da escola me destacava?
4. O que me deixava animado? Quando parecia estar mais feliz?
5. O que me chateava e me frustrava?
6. O que eu dizia que queria ser quando crescesse?
7. Você se lembra de alguma história de algo que eu disse ou fiz que impactou você? Algo que tenha revelado algo sobre mim ou mostrado algum talento meu?
8. Como você me descreveria para os outros?
9. Como é estar ao meu lado? O que você sente quando está comigo?
10. O que você aprendeu comigo? Como contribuí para a sua vida?
11. O que diria que são as minhas forças e talentos?
12. Descreva uma situação em que surpreendi positivamente você.
13. Como me comporto diante de desafios e conflitos?
14. Quando foi a época da minha vida em que me viu mais feliz?

PARTE 3
VOO

11

SE VOCÊ NÃO SE CUIDOU E NÃO SE DIVERTIU, A HORA É AGORA

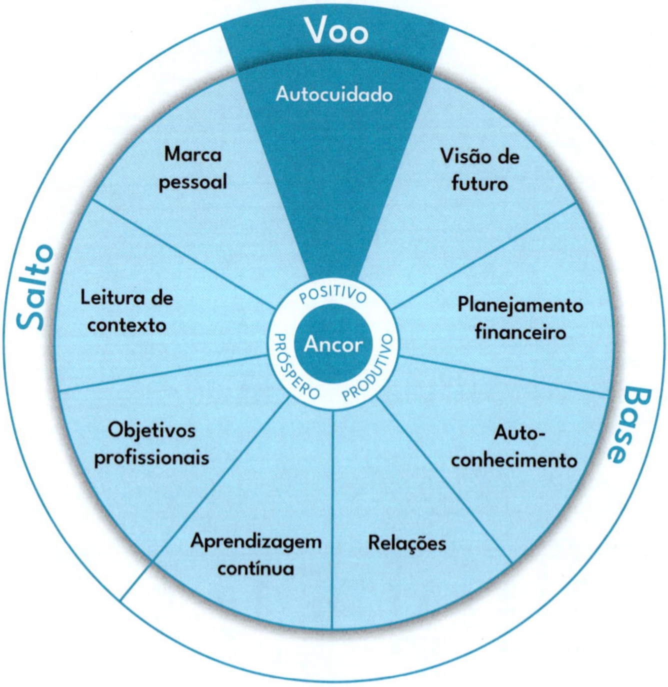

É tão genuíno e natural o nosso desejo de viver uma vida equilibrada. Escutamos isso das pessoas quase como se fosse um sonho, algo que parece ser praticamente inalcançável de tão difícil de atingir. A verdade é que esse equilíbrio está, muitas vezes, no modo como encaramos a vida, como incorporamos a felicidade nas pequenas coisas, como damos tempo para nós mesmos, cuidamos do nosso corpo, mente e espírito e, também, nos divertimos.

É comum ouvirmos relatos de pessoas que descobrem doenças graves e acabam se arrependendo de não terem sorrido mais, aproveitado melhor a vida, compartilhado mais momentos com a família e amigos, equilibrado melhor trabalho e lazer. Embora tenhamos abordado esse tema anteriormente, é muito importante reforçá-lo pensando na sua

> A verdade é que esse equilíbrio está, muitas vezes, no modo como encaramos a vida, como incorporamos a felicidade nas pequenas coisas, como damos tempo para nós mesmos, cuidamos do nosso corpo, mente e espírito e, também, nos divertimos.

preparação do pós-carreira. A vida não é apenas sobre conquistas profissionais. Acredite quando falamos que, se você não se cuidou e não se divertiu em sua jornada até aqui, a hora é agora.

Cuidar-se e divertir-se é um convite para que você faça a preparação do seu pós-carreira e chegue lá no futuro pensando o quanto é grato por ter aproveitado todos os momentos da vida. Queremos que você realize as suas metas pessoais, que cuide de seus interesses individuais, da sua saúde. Que fique perto das pessoas que mais gosta, sejam familiares, sejam amigos. Mas que, acima de tudo, busque ser feliz a cada novo passo.

E uma jogada de equilíbrio passa por saber que nem sempre os dias serão tranquilos. Afinal de contas, estamos falando da vida, com topos e vales conforme vamos caminhando. Desafios aparecerão e é possível que você tenha momentos de muito trabalho, mas precisará passar por isso sabendo que, ainda assim, precisará cuidar de si mesmo e se divertir na medida do possível.

Hoje, enquanto escrevemos este capítulo, estamos realizando essa tarefa após ter tido um dia de trabalho de mais de 12h seguidas por um acúmulo de tarefas completamente normal e planejado em nossa consultoria de carreira. Isso aconteceu e, de certa forma, nos desequilibrou da rotina que prezamos tanto, mas a consciência de que esse foi só um dia – ou será só uma fase – é muito maior do que o cansaço gerado. Até porque, sabemos que estamos em nosso pós-carreira, fazendo tudo o que amamos e curtindo cada minuto dessa etapa.

E por que estamos contando isso? Porque essa consciência será fundamental durante cada um dos dias vividos. **É preciso saber que, para alcançar determinados patamares, concluir determinados projetos e avançar em direção aos nossos objetivos, é natural que o equilíbrio se perca em alguns momentos. A chave é reconhecer esses momentos e voltar ao eixo o mais breve possível, cuidando daquilo que dá energia a você para seguir em frente. Somos os únicos responsáveis por como levamos a vida. Isso inclui como gerenciamos nosso tempo e energia, a forma como permitimos que os outros nos tratem e o equilíbrio entre nos doar e preservar nossos limites.**

Assim, cuidar-se e divertir-se é um pedido de autocuidado para que você olhe os temas básicos que estão sendo amplamente discutidos por aí, como alimentação, atividade física, manter o check-up médico em dia, ter relações saudáveis e cuidar do ambiente que frequenta. Além de todos esses pontos, é também pensar sobre como você gasta o seu tempo livre, se tira ou não férias, se tem ou não algum hobby de que gosta muito, se passa tempo ao ar livre, se está em contato com os amigos, se viaja e aproveita esses momentos, ou até mesmo se você se diverte sozinho, caso essa seja a sua preferência.

Perceba, portanto, que nada, absolutamente nada adiantará ter tomado atitudes em relação aos outros pilares se você não cuidar do que estamos falando neste capítulo. A nossa vida é o presente mais valioso que recebemos. Então, como não cuidar disso? A sua vida e o modo como você vive é sua responsabilidade primária. O bem-estar é seu e é você quem precisa cuidar dele.

Divertir-se é encontrar um estado maior de leveza e alegria, algo tão relaxado, tão cheio de vontade e de elementos positivos que faz com que você não queira que aquilo acabe. Diversão é o que faz você se sentir assim acima de tudo. Então pare e pense: quantas vezes você deu gargalhadas que a barriga chegou a doer? Quando foi a última vez que chorou de tanto rir? Quantas vezes achou algo incrível e aquilo era apenas uma pequena bobagem que nos tira os sorrisos mais genuínos?

"O CUIDADO, MUITAS VEZES, VALE A NOSSA VIDA
— Maristela Gorayb —

Sempre cuidei muito da minha saúde. Quando os meus filhos ainda eram bem pequenos, lembro-me de que me levantava às 5h da manhã, antes de eles acordarem, e caminhava por alguns minutos até a academia mais próxima. Estava escuro ainda, o sol não tinha aparecido, e lá estava eu, diariamente, cuidando da minha saúde. Voltava para casa, servia o café da manhã, me preparava para o trabalho e ainda fazia as minhas leituras durante o percurso no transporte público. Essa era parte da rotina para conseguir cuidar de áreas importantes da minha vida.

Porém, em uma altura dessa jornada, percebi que faltava alguma coisa. Quando olhava para pessoas praticamente se engasgando de tanto rir, sem conseguir controlar o próprio riso, eu pensava: *Como é que as pessoas conseguem fazer isso?* Eu nunca gargalhava. Esse foi o primeiro "estalo" que tive. Percebi que algo estava errado. Para que eu estava fazendo tudo aquilo? A troco de que estava deixando de ver graça nas coisas? Vivia em um estado tão grande de autocobrança e pressão interna que estava deixando de enxergar a alegria na vida. A partir desse momento, comecei a mudar muita coisa.

Depois, ainda em outro momento em que estava trabalhando muito, eu e o meu marido, Nasser, percebemos que vivíamos vidas muito concentradas no trabalho e na família, e não tínhamos outras redes de interesse e de contato. Não estávamos nos divertindo! Lembro-me de que cheguei a comentar com ele: "Quando nos aposentarmos, o que vai ter sobrado da nossa vida? Nada! Vamos envelhecer sozinhos". Aqui comecei a me preocupar mais com ter um hobby e em como me divertir, e foi assim que o motociclismo entrou para ficar na nossa história.

Apesar de ter ganhado a minha primeira moto aos 12 anos de idade, foi no momento que o meu marido decidiu comprar uma Harley-Davidson que eu comprei a minha para acompanhá-lo. No início, éramos dois lobos solitários, mas depois nos conectamos com grupos de pessoas que tinham interesses parecidos com os nossos. Passamos a ter encontros frequentes, viajar juntos, planejar aventuras e a fraternidade que existe no motociclismo deu muito sentido ao "cuidar-se e divertir-se".

Indo um pouco mais para o futuro, em 2023 algo aconteceu e mudou novamente a minha maneira de enxergar este pilar. Já tínhamos viajado muito dentro do Brasil e no exterior com as nossas motos, então era algo que estávamos acostumados. Porém, a viagem para um evento de motociclismo na Chapada dos Guimarães foi diferente. Foi uma viagem de ida muito difícil, viajando por dois dias inteiros debaixo de chuva, frio e neblina. Mas quando chegamos ali, no local em que ficaríamos, o tempo estava maravilhoso e a sensação foi de que havia valido a pena. Hoje, olhando em retrospecto, percebo que existiam vários sinais de que tudo mudaria. O primeiro sinal que me marcou muito foi quando, durante o evento, o Nasser parou em um stand de acessórios para motociclismo e me pediu para aproveitar e trocar o meu capacete. Ele falou: "Mari, o seu capacete já está velho, você precisa de um novo e aqui tem o que você queria". Fiquei despistando o assunto porque era uma marca muito cara e não queria gastar aquele valor naquele momento. Mas ele foi lá e comprou o capacete para mim de presente. Usei este capacete uma única vez. E ele salvou a minha vida.

Mais tarde, o segundo sinal apareceu em um churrasco que fomos na casa de um dos amigos motociclistas que havíamos conhecido lá, em um momento de conexão espiritual muito forte que mexeu comigo. Antes de começarmos a almoçar, esse casal pediu alguns minutos para fazermos uma oração. Isso não é comum neste meio. Achei muito bonita a atitude e me conectei profundamente à oração feita. No dia seguinte, fomos ver o pôr do sol com as mesmas pessoas, e eu me senti tão tocada com aquele momento bacana com amigos tão receptivos que pedi a todos uma roda para orarmos em gratidão, ali, diante daquela paisagem maravilhosa.

Por fim, quando o evento acabou, acordamos no dia seguinte muito cedo e saímos por volta de 6h da manhã para o longo retorno para casa. Aqui estava o terceiro sinal. Com um tempo muito frio, coloquei as minhas melhores roupas, e não tenho palavras para descrever o quanto isso me protegeu para o que viria. De repente, andando em uma pista dupla, fomos fechados por um caminhão e todos nós freamos bruscamente. Consegui desviar do Nasser, que estava na minha frente, mas o colega atrás de mim, com uma moto muito mais pesada do que a minha, não conseguiu e bateu na minha traseira.

Ali, quando recebi aquele tranco, eu voei. O meu corpo foi arremessado e lembro-me de que consegui olhar para o céu. Naquele milésimo de segundo em que via o azul sem nuvens, pensava: *Eu vou sobreviver, nenhum dos meus guias espirituais está aqui para me receber, significa que não vieram me buscar*. Quando despenquei no chão e senti a minha respiração travar, também sabia que tudo mudaria.

Por qual motivo o meu marido havia insistido tanto na troca do capacete que salvou a minha vida? Por que eu tinha tido aquele momento tão poderoso de contato com Deus? Precisava viver a superação e me reconectar com a espiritualidade. E foi exatamente isso o que eu fiz. Desafiei a minha fé e fortaleci a minha convicção de que tudo o que acontece conosco é para o nosso bem. Principalmente, porque a superação que mais precisei trabalhar internamente foi aprender a lidar com a dor latejante. Fiquei mais de dez horas em estado intenso de dor entre os primeiros socorros e os exames, recebendo ajuda das pessoas que estenderam a mão para nós.

Foram oito fraturas: de ombro, em três costelas, no quadril, em três locais diferentes, incluindo o cóccix e uma fratura na lombar, mais especificamente na vértebra L2. Era tanta dor que tive pânico de que pessoas encostassem em mim por muitos dias. Depois de três cirurgias e 50 dias imobilizada mexendo só o braço esquerdo, em uma cadeira de rodas, precisei lidar com a dependência total para tudo. Depois, precisei praticamente reaprender a andar. E ainda enfrentaria o medo de voltar a andar de moto. Deu tudo certo!

Esses desafios foram tão grandes que me proporcionaram inúmeros e valiosos aprendizados para o resto da minha vida. Um que quero destacar foi aprender a dar ainda mais valor ao ato de me cuidar. Não sabemos como será o amanhã, mas sabemos o que nos faz bem hoje. Então, precisamos agir sobre isso. Ouvi do médico que se não fosse uma pessoa que praticava musculação há bastante tempo, provavelmente não teria resistido ou ficaria com alguma sequela. Foi a minha conscientização e o cuidado com o meu próprio corpo que me salvaram. Nesse momento, tive certeza de que valeu a pena ter "equilibrado os pratos" desde o início e ter cuidado da minha saúde. O cuidado que temos conosco, muitas vezes, vale a nossa vida.

VIVER A VIDA É COMO PEDALAR UMA BICICLETA

— Flavia Perez —

Desde jovem fui estudiosa e conseguia equilibrar bem essa área com a prática esportiva que sempre amei. Lembro-me de um dia na escola em que o meu professor de Geografia, Wilson – que apesar de ser muito sério era também muito inteligente e uma pessoa muito boa

–, veio até o lugar em que eu estava sentada e disse: "Flavia, o seu sorriso é muito bonito. Você deveria sorrir mais". Aquilo me marcou. Ele não falou isso em um tom grosseiro ou repreensivo, mas como um comentário leve e que fez todo sentido para mim naquele momento. Senti que mudar e me permitir sorrir mais seria algo que eu faria por mim e pelos outros, porque de alguma maneira isso tocava as outras pessoas e fazia com que elas fossem impactadas de modo positivo. Estar ao lado de alguém que sorri passa uma energia muito boa. E foi exatamente isso o que eu fiz.

Essa foi a minha primeira virada de chave, ainda muito nova, para o fato de que eu precisava me divertir enquanto vivia e me dedicava aos meus estudos e projetos. Para mim, esse olhar para o autocuidado fala muito sobre o que nos dá e tira energia. Cada um sabe disso a seu modo: entende quais são as pessoas, as situações, os contextos, as conversas, os momentos e os lugares que nos energizam ou nos colocam para baixo. Lembrando que a diferença entre remédio e veneno é a dose. Posso amar ler, mas ler durante um dia inteiro pode ser extenuante. Tudo tem um limite.

Então o que dá energia para você? O que tira sua energia? Precisamos nos aproximar ao máximo de nossas "fontes de energia". É fato que existem "sugadores" de energia que não temos como simplesmente excluir da nossa trajetória, mas tentar equilibrar isso e diminuir ao máximo o contato é um ato de autocuidado que não tem preço.

Existem aquelas pessoas que recebem energia do trabalho; outras, dos esportes ou da família; alguns gostam de sair, estar em contato com os amigos, ir a festas e viver intensamente, mas existem também aqueles que se energizam quando tiram momentos de reflexão em um retiro ou apenas tendo um tempo só para si. Existem as pessoas que se energizam ao conversar, ao escrever, ao ouvir uma música, mas existem também os que recebem energia a partir do silêncio interno e externo. Para mim, a alimentação saudável, o movimento, o bem-estar oriundo da prática de esportes (esqui, kitesurfe, musculação e spinning – minha nova paixão) e os momentos ao lado da família e dos amigos são minhas fontes inesgotáveis de energia!

Cuidar-se é colocar em nossa rotina os elementos que nos energizam para que possamos fazer com que essa jornada valha a pena. Aqui, entra alimentação, atividade física, sono e muito mais, mas também o fato de que não podemos abrir mão daquilo que amamos. Porém não se engane, hein?! Hábitos que não são saudáveis, como fumar ou beber em excesso, não podem ser considerados como energizantes, não é mesmo? Pensar assim é se enganar. É viver em estado de fuga.

Meu pai, um grande exemplo para mim, está com 82 anos no momento em que escrevo este capítulo. Sua vitalidade e seu dinamismo são notáveis! Joga tênis, faz musculação e até praticamente os seus 60 anos participava de campeonatos de futebol. Viaja, toma sua cervejinha com os amigos e desfruta de cada momento, sempre se desafiando com novos projetos para manter a mente ativa. Uma das coisas que ele sempre fala e carrego comigo é: "Minha filha, a vida é como andar de bicicleta. Se parar de pedalar, a gente cai". Precisamos nos manter em movimento – físico, mental e emocional – para evitarmos a queda.

Se você não se cuidou e aproveitou a vida até hoje, comece agora!

Jim Clifton e Jim Harter, na obra *Wellbeing at work: how to build resilient and thriving teams* (*Bem-estar no trabalho: como construir equipes resilientes e prósperas*), falam sobre um estudo feito pela Gallup que mostrava que o objetivo comum de todas as pessoas no mundo é conseguir um bom trabalho. Elas querem um propósito profissional, algo que fortaleça a sua jornada e um líder que encoraje o desenvolvimento. Além disso, considerando o nosso estado máximo de bem-estar, eles comentam que atingir esse patamar passa por cinco elementos: carreira, vida social, finanças, cuidar do nosso físico e ter um senso de comunidade.[1] Aqui, pedindo licença literária para estender o assunto,

1 CLIFTON, J.; HARTER, J. *Wellbeing at work*: how to build resilient and thriving teams. Washington: Gallup Press, 2021.

ao falar sobre carreira, precisamos considerar também o pós-carreira, uma vez que, ao nos cuidarmos melhor, viveremos com mais saúde para seguir atuando em diversos papéis, entre eles o de entrega de valor para as pessoas, de maneira remunerada ou não, representado pelo trabalho. Cuidar desse pilar, agora que você já sabe e estamos nos aproximando das últimas páginas, é fundamental para os nossos próximos passos.

E se a carreira – leia-se também pós-carreira – é importante para o nosso bem-estar, então cuidar de si e se divertir ao longo do processo precisam ser contextos intrínsecos uns aos outros para que a jornada faça sentido e seja boa. Se levarmos tudo de modo pesado, a vida será sempre pesada. Se agirmos ao contrário, tudo ficará mais leve. Entre os altos e baixos, não podemos descartar o poder que existe em continuarmos a cuidar de nós mesmos e aproveitarmos os pequenos momentos.

Se você está preso em um ciclo de muito trabalho ou apenas não sabe por onde começar, temos um conselho para você: "finja até que atinja".[2] Comece com pequenos passos, mesmo sem vontade, mesmo sem ter certeza de que isso dará certo, mas faça. Mude agora, comece a se preocupar mais com a sua saúde, o seu bem-estar, os seus sorrisos e o modo como aproveita a vida. Existe uma mudança fisiológica que acontece em nosso cérebro para os momentos em que fazemos algo prazeroso, liberando endorfina, que é responsável pela nossa sensação de felicidade e bem-estar. Ou seja, ao começar, você vai estimular a sua mente a se sentir bem com aquilo. Esse será o primeiro passo, depois outros virão e, no fim das contas, você não viverá mais sem o pilar do autocuidado, porque ele será um dos mais importantes para você.

2 TED. *Amy Cuddy*: Sua linguagem corporal molda quem você é. YouTube, 1 out. 2012. Disponível em: https://www.youtube.com/watch?v=Ks-_Mh1QhMc. Acesso em: 6 nov. 2024.

Chega de viver em um estado de piloto automático. Chega de colocar a própria saúde em segundo plano. Chega de viver uma vida sempre tão séria. A partir do autoconhecimento, que vimos no Capítulo 5, você pode utilizar o que descobriu dos seus sabotadores para focar os pontos positivos de como o seu cérebro funciona de modo que aproveite mais a vida e se fortaleça.

Ao fazer tudo isso que comentamos, sabemos, do fundo do nosso coração, que você estará caminhando em direção à sua criança interior que curtia a vida e sabia se divertir. Esse é o nosso objetivo: que você tenha uma jornada sustentável. Fazer isso é um ato de amor-próprio, é algo que você faz por você e por quem mais ama no mundo. E, ao deixar de cuidar disso, o futuro fica completamente vazio e sem sentido. E o que queremos para você é que você voe!

Insight & ação

Para estimular a reflexão, sugerimos que faça um simples e poderoso exercício. Pense: se tivesse que dividir sua vida nas áreas mais importantes para você, quais seriam? Em seguida, desenhe um círculo e divida-o em fatias que representarão essas áreas de sua vida, que podem ser: espiritualidade, saúde, desenvolvimento intelectual, equilíbrio emocional, carreira e trabalho, finanças, contribuição social, hobbies e diversão, amizades e família, amor e afetividade e muito mais.

Não há regras de quantas áreas você escolherá e qual nome dará. Afinal, a vida é sua e cabe a você avaliar o que é mais importante. Depois, gradue cada área respondendo a seguinte pergunta: de 1 a 10, qual é o seu nível de satisfação hoje com essa importante área da vida? De acordo com a pontuação, preencha cada uma das fatias (vide exemplo a seguir).

Na sequência, ao olhar de forma geral a roda, responda à pergunta: o que você percebe ao ver essa "roda da sua vida"? Qual é o nível de satisfação que gostaria de alcançar em cada uma dessas áreas? Qual(is) área(s) traria(m) maior impacto positivo no seu equilíbrio de vida e nas demais, caso se dedicasse mais a elas? Faça a sua escolha e determine objetivos e ações para alcançar este equilíbrio.

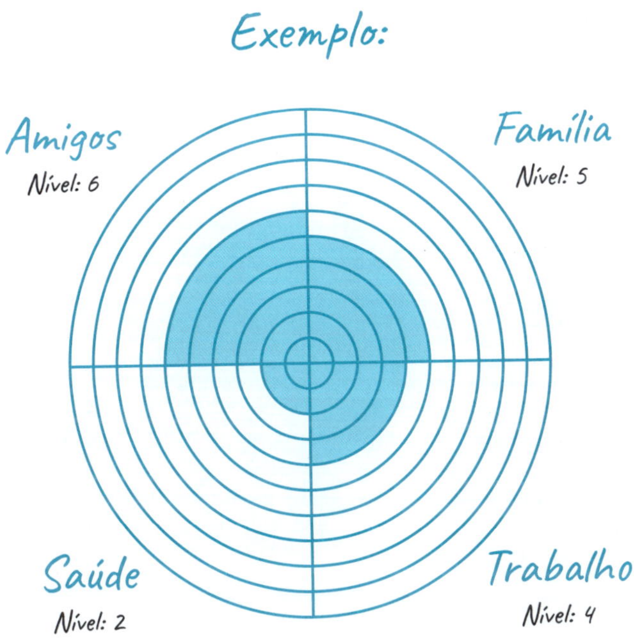

Viver e aproveitar a vida, bem como cuidar da saúde, é um ato de amor próprio. O que você tem feito por você? E o que pode fazer a partir de agora? Pense nisso. A hora é agora.

12

SALTO DADO: AGORA VOCÊ ESTÁ PREPARADO PARA A SUA PRIMEIRA SEGUNDA-FEIRA NO NOVO CICLO

Quando tomamos a decisão de escrever este livro, algo que nos guiou como meta para colocar em prática nesse processo foi: queríamos que fosse *leve*. É claro que sabíamos que existiriam os momentos desgastantes, que precisaríamos nos dedicar, trabalhar mais e viver um pouco mais "na correria" para que o livro saísse do mundo das ideias e se transformasse em algo concreto. Mas, para nós, transmitir essa mensagem, fazer com que ela chegasse a mais pessoas, de modo que as ajudasse a planejar o seu pós-carreira, era uma missão que precisava ser cumprida.

Já que para cada escolha haveria uma renúncia, decidimos conscientemente renunciar pontos que não nos trariam a esse objetivo. A turbulência intencional não tem "gosto" de sobrecarga, ela é planejada e sabemos que é passageira. Não é um sacrifício, porque tem propósito maior. É uma jornada desafiadora que deixará um gostinho de realização para sempre em nossos corações.

Agora, ao chegar no último capítulo, podemos afirmar que a nossa missão foi cumprida. Até aqui, o processo foi leve e divertido, e trabalharemos para que continue assim. Esperamos igualmente que você tenha aproveitado absolutamente todo o conhecimento do processo ao longo das páginas, que tenha tido reflexões positivas e que esteja já colocando em prática as decisões que tomou diante dessas novas ideias.

Neste livro, a nossa proposta foi contar que surgiu uma nova fase na vida profissional, a fase posterior ao fim da carreira executiva e que antecede a aposentadoria. Considerando que temos chance de chegar perto dos 100 anos de idade e pretendemos chegar lá com saúde e bem-estar, precisamos cuidar de todas as etapas, inclusive desta nova que surge agora: o pós-carreira. E do mesmo modo que nos preparamos para ir à escola, lá quando éramos crianças, aqui precisamos nos preparar também. Assim como nos preparamos para a graduação, a pós-graduação, o primeiro emprego ou até mesmo um casamento, aqui precisamos fazer o mesmo.

Quando entramos no pós-carreira, demos um salto de coragem. A partir da decisão de estruturar um método que o ajudasse a fazer isso para que fosse produtivo, próspero e positivo, estávamos também chamando a coragem para a mesa. E muito embora essa movimentação exija estratégia, força e dedicação, esse salto pode ser leve. Assim, escolhemos que fosse o nosso e desejamos que seja para você, ao receber este conteúdo. Com preparação, seu ciclo após o término da vida executiva pode ser aproveitado em sua máxima potência, vivendo esse momento com realização e sentindo prazer em fazer algo com bem-estar e felicidade, para que você possa ver o brilho e valor que existe nessa nova etapa.

Agora você já sabe que isso é viável e possível.

O PROCESSO FAZ VALER A PENA

— Maristela Gorayb —

Gosto de acreditar no processo. Ontem fui a um almoço com uma amiga de muitos anos. Quando fez o convite, ela pediu se poderia levar uma pessoa que gostaria muito de me conhecer e falar sobre como planejar os próximos passos da sua carreira. Topei e fomos almoçar. Foi um papo ótimo! Demos risada, falamos sobre a vida e também sobre os próximos passos de todas nós.

Em determinado momento, a amiga perguntou: "Mari, entendi sobre essa questão do pós-carreira. Mas como encontro as respostas de que preciso para dar os próximos passos?". "Dentro de você", respondi. No fim das contas, todas as respostas de que precisamos estão dentro de nós, mas, por alguma razão, deixamos de escutá-las. É preciso viver o processo, olhar para dentro e ir aos poucos ajustando o caminho. Tudo o que vimos aqui funciona como um mapa, que ajudará você a organizar as informações, mas as respostas específicas do que é bom ou ruim, qual caminho funcionará ou não precisam vir de dentro.

É como procurar uma roupa que quer muito usar em um guarda-roupas todo bagunçado. Você percebe que já tem muitas peças que não utiliza mais e outras que nem sabe onde estão. Então decide arrumá-lo. Você tira um tempo, faz uma limpeza, separa o que não vai mais usar e organiza o que sobrou de modo coerente para que possa encontrar quando precisar. Aqui, na jornada de preparação do pós-carreira, o que fizemos foi ajudar você a organizar o seu próprio guarda-roupas. E você só vai descobrir se o arrumou exatamente do jeito que gostaria quando for utilizá-lo e perceber se está ou não funcional. Se algo não ficou bom, você pode voltar e organizar aquilo novamente.

Acreditar no processo, acreditar que as respostas estão dentro de você é mais do que necessário. É primordial. Muitas vezes, você precisará deixar o racional de lado e usar a sua intuição. Em outras, precisará racionalizar os fatos. Em tantas outras, precisará encontrar o equilíbrio entre a razão e o coração. E sempre que sentir que está se autossabotando, produzindo padrões de pensamento que enfraquecem você, pare, respire e tome a decisão de seguir em frente, confiante, em busca da sua felicidade nesta nova fase.

Quando começamos a pensar sobre a escrita do livro, confesso que tive medo. Tive medo de não conseguir, de não dar certo, de não ficar bom, de me sobrecarregar demais. Tive dúvidas também. Dúvida se conseguiria, se tinha conteúdo suficiente, se poderia transmitir a mensagem de modo que ela mudasse a vida das pessoas. Então a Flavia chegou e, com muito carinho, me ancorou para que eu tivesse coragem.

Perto do meu aniversário de 54 anos, lembro-me de um dia que ela chegou e com um jeitinho muito meigo me "apertou" para começarmos. Usei o meu talento Futurista, olhei lá na frente para a realização, depois voltei ao presente e decidi: "Sim, eu quero isso, então vamos". É isso o que eu desejo para você: siga a sua preparação e acredite que a primeira segunda-feira do seu pós-carreira será incrível.

FAÇA ALGO POR VOCÊ

— Flavia Perez —

Nunca é tarde. Nunca é tarde para mudar, para fazer diferente, para dar o próximo passo, para aprender algo novo, para começar um esporte, para se desafiar. Nunca é tarde para começar. Nunca é tarde para fazer novos amigos!

Minha amizade com a Mari – que é uma das mais importantes que tenho hoje –, começou há mais ou menos seis anos. Perceba, então, como uma das pessoas com quem eu mais falo hoje, viajo, me divirto, aproveito a vida e com quem divido a sociedade de uma empresa e o projeto deste livro aconteceu durante o meu pós-carreira. Para mim, isso é muito bonito e genuíno.

Nunca é tarde para iniciar um planejamento financeiro, mudar de carreira e pensar diferente. Nunca é tarde para olhar para si mesmo e tomar decisões melhores. Nunca é tarde para focar o que dá energia e tirar da vida o que a suga. Nunca é tarde para se colocar em um lugar de respeito e admiração.

Mesmo dentro do universo do pós-carreira, também nunca é tarde para dar os primeiros passos. Mesmo que você já esteja muito *perto* do fim do seu ciclo executivo, por que não começar agora?

Assim como comentamos no capítulo anterior, se você não se cuidou até hoje, agora é a hora! Ainda há tempo para que você reverta essa situação e faça algo de que você se orgulhará no futuro. Algo que fará apenas por *você*. E mais ninguém.

Quando pensei pela primeira vez sobre escrever o livro, também tive medo e dúvidas, assim como a Mari comentou. Sempre amei os livros, sou uma leitora voraz e jamais tinha imaginado me transformar em uma autora. Mas ali, olhando de frente para o desafio, respirei e pensei: *Eu posso, eu consigo, eu quero e eu vou. Por que não? Por que não ajudar as outras pessoas a se prepararem para a próxima fase? Por que não utilizar o que tenho de conhecimento e experiência para facilitar a vida de quem também passará por isso?*

Essa foi a minha linha de raciocínio e agora tenho muito orgulho de ter tomado essa decisão. Espero, de coração, ter contribuído para que você tome a melhor decisão para você também.

A grande aventura de viver

Sempre que encaramos os desafios olhando-os pela perspectiva de que serão difíceis, a jornada será mais árdua. Mas se, por outro lado, olharmos a partir da perspectiva de que seremos maiores e mais fortes, valerá a pena, assim como ouvimos recentemente em um poema da Claudia Camara.

> O que faz a gente ser grande é não perder o futuro de vista.
> É chegar a um porto, fincar a bandeira da conquista
> E nesse mesmo instante começar a buscar outros portos.
> É criar desafios, calcular riscos, avançando sempre.
> Porque a grande aventura é viver.
> E a vida, assim como as ondas,
> Tem um jeito diferente de se repetir.
> De prometer descobertas e abrigar todos os tipos de embarcações.
> O que faz a gente ser grande é ser como o mar:
> Incansável na sua procura pela onda perfeita.
> Até descobrir que a perfeição está na própria busca.

Existe aqui a possibilidade de construir algo novo. Um ciclo está se finalizando e outro está começando. E isso é maravilhoso. Merece ser celebrado. Queremos que você olhe para trás e pense: *Uau, quanta coisa eu construí. E fiz isso tudo por mim.*

É possível que, em um primeiro momento, você precise da ajuda de alguém, mas isso faz parte do processo. Nós estamos aqui para ajudá-lo sempre que precisar, basta nos procurar em nossos principais canais: no Instagram, como @maristelagorayb[1] e @flaviaperez[2]; no

1 Encontre a Maristela Gorayb no Instagram: https://www.instagram.com/maristelagorayb/. (N. E.)

2 Encontre a Flavia Perez no Instagram: https://www.instagram.com/flaviaperez/. (N. E.)

LinkedIn, como Maristela Gorayb[3] e Flavia Perez[4] ou através do site da nossa empresa: www.ancorconsultoria.com.br. Inclusive, caso você queira compartilhar conosco outro elemento importante que você identificou dentro do universo de preparação para o pós-carreira, vamos adorar ouvir a sua opinião.

Temos certeza, também, de que você poderá contar com o auxílio de outras pessoas que estão próximas e poderão te ajudar. Unir forças, muitas vezes, é fundamental. É como se diz: sozinho você até pode ir mais rápido, mas junto você vai mais longe. Foi isso o que fizemos aqui na escrita deste livro e você também pode utilizar esse artifício poderoso em seu pós-carreira.

Nosso conselho final é: use a sua energia naquilo que realmente importa e no que você tem efetivamente controle de mudança. Tudo o que podemos mudar está relacionado a nós mesmos, então, se não somos capazes de prever o futuro (apenas visualizá-lo como o destino que queremos alcançar), o presente é o único momento com o qual podemos trabalhar. E mudar. Fazer diferente. Ao colocar isso em prática, ao tomar as decisões necessárias e ajustar o caminho, você estará cada vez mais perto do futuro que deseja alcançar.

Mesmo que você esteja com medo do desconhecido que representa o salto do pós-carreira, agora você já sabe que esse medo é consciente. Você sabe o que está do outro lado da linha de chegada. Pode até não ser exatamente como você gostaria, mas foi planejado, organizado, pensado e internalizado. Foi intencional. Isso muda tudo!

---

3 Encontre a Maristela Gorayb no LinkedIn: https://www.linkedin.com/in/maristela-gorayb/. (N. E.)

4 Encontre a Flavia Perez no Linkedin: https://www.linkedin.com/in/flavia-perez/. (N. E.)

Nosso conselho final é: use a sua energia naquilo que realmente importa e no que você tem efetivamente controle de mudança.

Agora é o momento de agir! É hora de tomar a decisão, ter coragem para trilhar novos caminhos e abraçar o desconhecido com confiança. Se sabemos que a mudança é inevitável, encare isso como uma oportunidade de crescimento e evolução.

Siga em frente com a certeza de que o melhor está por vir. Lembre-se de que você é o protagonista. É você que distribui as cartas. Viva essa aventura e siga em direção aos seus sonhos. O pós-carreira poderá ser a sua melhor fase, o seu melhor momento, o seu melhor recomeço. É você quem definirá isso.

Diante de tantas possibilidades, o que você fará a partir de AGORA pensando na sua primeira segunda-feira após a carreira executiva para transformar o seu pós-carreira na melhor fase da sua vida?

REFERÊNCIAS

ATKINSON, M.; CHOIS, R. T. *A dinâmica interna do coaching.* São Paulo: PerSe, 2015.

BARBOSA, C. *A tríade do tempo.* São Paulo: Buzz Editora, 2018.

BASTOS, A. O que é e como aplicar a Teoria U como uma ferramenta para promover inovação nas empresas? *Alura*, 20 set. 2023. Disponível em: https://www.alura.com.br/empresas/artigos/teoria-u. Acesso em: 16 ago. 2024.

BRASIL. Secretaria de Comunicação Social. *Censo*: número de idosos no Brasil cresceu 57,4% em 12 anos. Brasília: Secretaria de Comunicação Social, 2023. Disponível em: https://www.gov.br/secom/pt-br/assuntos/noticias/2023/10/censo-2022-numero-de-idosos-na-populacao-do-pais-cresceu-57-4-em-12-anos. Acesso em: 13 jun. 2023.

BROWN, B. *A coragem de ser imperfeito*: como aceitar a própria vulnerabilidade, vencer a vergonha e ousar ser quem você é. Rio de Janeiro: Sextante, 2016.

BURNETT, B.; EVANS, D. *Designing your work life*: how to thrive and change and find happiness at work. Reino Unido: Penguin Random House, 2020.

CARNEIRO, R. 'A pandemia nos fez questionar o que é essencial', diz guru do minimalismo. *Revista Veja*, 29 jan. 2021. Disponível em: https://bit.ly/4aKUwSH. Acesso em: 6 nov. 2024.

CATCHLOVE, P. The habit that could improve your career. *TED@BCG*, set. 2022. Disponível em: https://www.ted.com/talks/paul_catchlove_the_habit_that_could_improve_your_career? Acesso em: 13 jun. 2024.

CERBASI, G. *A riqueza da vida simples*: como escolhas mais inteligentes podem antecipar a conquista dos seus sonhos. Rio de Janeiro: Sextante, 2019.

CHAMINE, S. *Inteligência positiva*. São Paulo: Fontanar, 2013.

CLARK, D. Planning your post-retirement career. *Harvard Business Review*, 28 abr. 2016. Disponível em: https://hbr.org/2016/04/planning-your-post-retirement-career. Acesso em: 8 jun. 2024.

CLIFTON, D. O.; RATH, T. *Descubra seus pontos fortes 2.0*. Rio de Janeiro: Sextante, 2019.

CLIFTON, J.; HARTER, J. *Wellbeing at work*: how to build resilient and thriving teams. Washington: Gallup Press, 2021.

CORAGEM. In: *Dicionário etimológico*: etimologia e origem das palavras. Disponível em: https://www.dicionarioetimologico.com.br/coragem/. Acesso em: 5 nov. 2024.

COSTA, G. Hackeando o processo de aprendizagem: como aprender mais e melhor num mundo cheio de pressa e distrações. *LinkedIn*, 27 jan. 2020. Disponível em: https://www.linkedin.com/pulse/hackeando-o-processo-de-aprendizagem-como-aprender-mais-gabriel-costa/. Acesso em: 26 ago. 2024.

CUETO, J. C. A previsão de Stephen Hawking sobre buracos negros confirmada 50 anos depois por cientistas. *BBC News*, 7 jul. 2021. Disponível em: https://www.bbc.com/portuguese/geral-57750438. Acesso em: 6 nov. 2024.

DANG, L.; ANANTHASUBRAMANIAM, A.; MEZUK, B. Spotlight on the challenges of depression following retirement and opportunities for interventions. *Clinical interventions in aging*, v. 2022, n. 17, p. 1037-1056, 14 jun. 2022. Disponível em: https://doi.org/10.2147/CIA.S336301. Acesso em: 26 jan. 2025.

DAS, W.; DEWALT, S. 5 networking tips for introverts (and anyone else). *Harvard Business Review*, 17 abr. 2024. Disponível em: https://hbr.org/2024/04/5-networking-tips-for-introverts-and-anyone-else. Acesso em: 30 ago. 2024.

DA REDAÇÃO. Aumenta a expectativa de vida no mundo. *Exame*, 15 maio 2014. Disponível em: https://exame.com/mundo/aumenta-a-expectativa--de-vida-no-mundo/. Acesso em: 13 jun. 2024.

DÊ UM UNBLUR NA SUA CARREIRA. EP#20 | Teoria U: o que é e como aplicar na sua carreira. Apresentação: Flavia Perez; Maristela Gorayb; Salete Deon. Entrevistada: Janine Saponara. *Unblur*, jul. 2023. Disponível em: https://open.spotify.com/episode/7w5jKbB2Fieww2OnOCV0aq. Acesso em: 15 ago. 2024.

DOMINGUEZ, J.; ROBIN, V. *Your money or your life*: 9 steps to transforming your relationship with money and achieving financial independence. Londres: Penguin Books, 2008.

DRURY, F. *A mágica da arrumação de Marie Kondo*: vida organizada realmente é igual a mente limpa? *BBC News*, 17 jan. 2019. Disponível em: https://www.bbc.com/portuguese/geral-46906910. Acesso em: 6 nov. 2024.

FREEDMAN, M. *Encore*: Finding Work That Matters in the Second Half of Life. Nova Iorque: PublicAffairs, 2008.

GRANT, A. *Dar e receber*: uma abordagem revolucionária sobre sucesso, generosidade e influência. Rio de Janeiro: Sextante, 2014.

GRANT, A. *Pense de novo*: o poder de saber o que você não sabe. Rio de Janeiro: Sextante, 2021.

HOUSEL, M. *A psicologia financeira*: lições atemporais sobre fortuna, ganância e felicidade. São Paulo: HarperCollins, 2021.

IBGE – INSTITUTO BRASILEIRO DE GEOGRAFIA E ESTATÍSTICA. *Tábuas completas de mortalidade*. Brasília, DF: IBGE, 2023. Disponível em: https://www.ibge.gov.br/estatisticas/todos-os-produtos-estatisticas/9126-tabuas-completas-de-mortalidade.html?=&t=resultados. Acesso em: 24 set. 2024.

JETER, K. Introducing the networking wheel: a tool to build a network you LOVE. *ATD Blog*, 12 ago. 2024. Disponível em: https://www.td.org/

content/atd-blog/introducing-the-networking-wheel-a-tool-to-build--a-networkyou-love. Acesso em: 26 set. 2024.

JETER, K. Networking is Necessary for Consultants. In: BIECH, E. *ATD's handbook for Consultants*. Virgínia, EUA: Association for Talent Development, 2024.

JUN, E. Patagonia: por que o dono abriu mão de US$ 3 bi para causa ambiental. *E-Investidor*, 17 set. 2022. Disponível em: https://einvestidor.estadao.com.br/negocios/patagonia-doa-empresa-causa-ambiental/. Acesso em: 6 nov. 2024.

KAGAN, J. Encore career: what it is, how it works, prevalence. *Investopedia*, 16 jan. 2022. Disponível em: https://www.investopedia.com/terms/e/encore-career.asp. Acesso em: 13 jun. 2024.

KELLER, G.; PAPASAN, J. *A única coisa*: a verdade surpreendentemente simples por trás de resultados extraordinários. Rio de Janeiro: Sextante, 2021.

KILIMNIK, Z. M.; CASTILHO, I. V.; SANT'ANNA, A. S. *Carreiras em transformação e seus paradoxais reflexos nos indivíduos*: metáforas de carreira e de competências. Comportamento Organizacional e Gestão, v. 12, n. 2, p. 257-280, 2006. Disponível em: https://pesquisa-eaesp.fgv.br/sites/gvpesquisa.fgv.br/files/arquivos/carreiras_em.pdf. Acesso em: 13 jun. 2024.

LACE, D. F. *This is water*: some thoughts, delivered on a significant occasion, about living a compassionate life. Nova Iorque: Little Brown and Company, 2009.

MILKMAN, K. *Como mudar*: as novas pesquisas para superar desafios e transformar nosso comportamento. São Paulo: Objetiva, 2022.

ONTIVEROS, E. O que é o 'ikigai', o segredo japonês para uma vida longa, feliz e saudável. *BBC*, 2 jun. 2028. Disponível em: https://www.bbc.com/portuguese/geral-44293333. Acesso em: 17 ago. 2024.

O CÓDIGO BILL GATES. Direção: Davis Guggenheim. Produção: Beth Osisek. Estados Unidos: Netflix, 2019. 3 episódios. Documentário.

PESSOA, F. De resto eu não sonho, eu não vivo, salvo a vida real. In: *Livro do desassossego, por Bernardo Soares*. Lisboa: Ática, 1982. v. 2. Disponível em: http://arquivopessoa.net/textos/2442. Acesso em: 23 jun. 2024.

PRESENCING INSTITUTE. *Presencing Institute*. Disponível em: https://presencinginstitute.org/. Acesso em: 25 set. 2024.

PROFESSIONAL & EXECUTIVE DEVELOPMENT – HARVARD DCE. Encore Career Webinar. YouTube, 22 ago. 2023. Disponível em: https://www.youtube.com/watch?v=w1cYUuWowRw. Acesso em: 28 jun. 2024.

RIES, E. *A startup enxuta*: Como usar a inovação contínua para criar negócios radicalmente bem-sucedidos. Rio de Janeiro: Sextante, 2019.

RODRIGUES, S. A coragem vem do coração. *Revista Veja*, 31 jul. 2020. Disponível em: https://veja.abril.com.br/coluna/sobre-palavras/a-coragem--vem-do--coracao. Acesso em: 18 ago. 2024.

SANTOS, L. *Seja egoísta com sua carreira*: descubra como colocar você em primeiro lugar em sua jornada profissional e alcance seus objetivos pessoais. São Paulo: Gente, 2021.

SCHARMER, C. O. *O essencial da Teoria U*: princípios e aplicações fundamentais. Osasco: Voo, 2020.

SCHARMER, C. O. *Theory U*: leading from the future as it emerges. Oakland: Berrett-Koehler Publishers, 2009.

SEIS em cada 10 brasileiros não se preparam para aposentadoria, aponta pesquisa. *G1*, 18 mar. 2019. Disponível em: https://g1.globo.com/economia/noticia/2019/03/18/seis-em-cada-10-brasileiros-nao--se-preparam-para-aposentadoria-aponta-pesquisa.ghtml. Acesso em: 9 jun. 2024.

SILVA, D. N. Malala Yousafzai. *Brasil Escola*, [s.d.]. Disponível em: https://brasilescola.uol.com.br/historiag/malala-yousafzai.htm. Acesso em: 6 nov. 2024.

STEVE Jobs e sua identidade visual. *Frames*, [s.d.]. Disponível em: https://frames.com.br/a-personalidade-das-personalidades/. Acesso em: 6 nov. 2024.

TED. *Amy Cuddy:* Sua linguagem corporal molda quem você é. YouTube, 1 out. 2012. Disponível em: https://bit.ly/3Cye5Rw. Acesso em: 6 nov. 2024.

TEDX TALKS. *A Boa Vida* | Roberto Waldinger | TEDxBeaconStreet. YouTube, 30 nov. 2015. Disponível em: https://bit.ly/3Emo2Cf. Acesso em: 29 nov. 2024.

TEORIA de Dunbar: somos mesmo incapazes de ter mais de 150 amigos? *G1*, 25 nov. 2020. Disponível em: https://bit.ly/3BDPdHD. Acesso em: 30 ago. 2024.

THE learning zone model. *MindTools*, [s.d.]. Disponível em: https://www.mindtools.com/a0bop9z/the-learning-zone-model. Acesso em: 25 ago. 2024.

TRABALHO. In: *Dicionário etimológico*: etimologia e origem das palavras. Disponível em: https://www.dicionarioetimologico.com.br/trabalho. Acesso em: 12 jun. 2024.

TRANQUILINI, G.; ARBEX, S. *Sua marca pessoal*: revele sua autenticidade: fortaleça seu posicionamento profissional com uma comunicação autêntica e memorável usando o Método Fly. São Paulo: Literare Books International, 2023.

WARE, B. *Antes de partir*: os 5 principais arrependimentos que as pessoas têm antes de morrer. São Paulo: Geração Editorial, 2017.